KNAUR

*Über den Autor:*
Mark Schieritz ist wirtschaftspolitischer Korrespondent der »Zeit« in Berlin und beobachtet seit mehr als zehn Jahren das Geschehen an den internationalen Finanzmärkten. Nach dem Studienabschluss an der London School of Economics begann seine Karriere bei der »Financial Times Deutschland«, für die er sieben Jahre lang tätig war – unter anderem als Leiter der Finanzmarktredaktion. Mark Schieritz wurde mit dem Ernst-Schneider-Preis der deutschen Industrie- und Handelskammern und dem Medienpreis der Keynes-Gesellschaft ausgezeichnet. 2011 wurde er von der Zeitschrift »Wirtschaftsjournalist« für seine Berichterstattung über die Eurokrise zu einem der Wirtschaftsjournalisten des Jahres gekürt.

Mark Schieritz

# Der Lohnklau

**Warum wir nicht verdienen,
was wir verdienen,
und wer daran schuld ist**

Besuchen Sie uns im Internet:
www.knaur.de

Originalausgabe Oktober 2015
Knaur Taschenbuch
© 2015 Knaur Verlag
Ein Imprint der Verlagsgruppe Droemer Knaur GmbH & Co. KG, München
Alle Rechte vorbehalten. Das Werk darf – auch teilweise – nur mit
Genehmigung des Verlags wiedergegeben werden.
Covergestaltung: ZERO Werbeagentur, München
Coverabbildung: FinePic®, München
Satz: Adobe InDesign im Verlag
Druck und Bindung: CPI books GmbH, Leck
ISBN 978-3-426-78781-6

5   4   3   2   1

# Inhalt

# Einleitung

## Eine Geschichte vom Pferd

Wenn Admiral sich in seiner Welt umsah, dann war alles so, wie es sein sollte. Die Felder, die gepflügt werden mussten. Die Droschken, die darauf warteten, fortbewegt zu werden. Die Armeen, die in den Krieg ziehen wollten. Admiral konnte sich sicher sein, dass die Arbeit nie ausgehen würde. Er würde gebraucht werden, genau wie seine Verwandten. Seine Nachkommen würden zahlreich sein, und vielleicht würde man ihm, wenn er alt ist, das Gnadenbrot gewähren. Es kam anders. Admiral und die Seinen waren schon bald so überflüssig wie eine Fuhre Sand in der Wüste. Niemand rief sie, um Felder zu pflügen, Droschken zu bewegen oder in die Schlacht zu ziehen. Innerhalb weniger Jahre verschwand Admirals Rasse vom Erdboden.

Admiral ist ein Clydesdale Horse, ein englisches Arbeitspferd im ausgehenden 19. Jahrhundert. Mit dem Aufstieg des britischen Königreichs zur Weltmacht stieg auch die Zahl seinesgleichen rasant an. Im Jahr 1901 erreichte sie mit 3,25 Millionen einen Höhepunkt. In England, Schottland, Wales und Irland kam damals ein Pferd auf zehn Einwohner. 20 Jahre später waren bereits weniger als zwei Millionen Pferde im Einsatz, und heute sind sie aus dem Arbeitsleben praktisch komplett verschwunden. Mit der Erfindung des Verbrennungsmotors gab es für sie keine Verwendung mehr. Ökonomisch gesprochen: Der durch den Einsatz eines Pferdes zu erzielende Verdienst reichte nicht aus, um die Kosten für den Unterhalt abzudecken. Das Pferd, so formuliert es der britische Wirtschaftshistoriker Gregory Clark, war das erste Opfer der Industrialisierung.

Sind wir das nächste? Wird also der Mensch aus der Arbeitswelt verdrängt, »genauso wie einst das Pferd durch die Einführung des Traktors aus der landwirtschaftlichen Produktion verschwunden ist«, wie es der amerikanische Wirtschaftsnobelpreisträger Wassily Leontief prophezeite?

Die vergangenen 30 Jahre jedenfalls waren für die Arbeitnehmer in der westlichen Welt verlorene Dekaden. Während die Gewinne der Unternehmen immer schneller steigen, gingen Arbeiter und Angestellte sogar in wirtschaftlich guten Zeiten oftmals leer aus. In den sieben führenden Industrienationen ist der Anteil der Arbeitnehmerverdienste an der gesamten jährlichen Wirtschaftsleistung von mehr als 70 Prozent im Jahr 1971 auf zuletzt nur noch 64 Prozent gefallen. Arbeitnehmerrechte wurden geschleift, die Gewerkschaften sind nur noch ein Schatten ihrer selbst, Billigwaren aus Asien überschwemmen die Märkte, und immer leistungsfähigere Maschinen und Roboter machen dem Menschen seine Rolle als Krone der Schöpfung streitig. Der Kapitalismus bezieht seine Legitimität aus dem Versprechen, alle Menschen reicher zu machen. Wer von seiner Hände Arbeit leben musste, ist zuletzt oftmals nicht reicher, sondern ärmer geworden. Auch in Deutschland. Deshalb sind viele Arbeitnehmer trotz Vollzeitjob auf staatliche Hilfen angewiesen, deshalb schaffen es Millionen von Menschen auch in der Mittelschicht nicht, ausreichend Geld fürs Alter anzusparen.

Dieser Lohnklau ist die vielleicht wichtigste Ursache für die ökonomischen Weltprobleme im 21. Jahrhundert: Er hat dafür gesorgt, dass die Schere zwischen Arm und Reich immer weiter auseinandergegangen ist. Er hat zur Folge, dass in weiten Teilen der Bevölkerung die Zweifel an der herrschenden Wirtschaftsordnung wachsen. Und er ist mit dafür verantwortlich, dass in der Weltwirtschaft eine Krise auf die nächste folgt – denn ohne eine ausreichende Kaufkraft der Bevölkerung droht jedem marktwirtschaftlichen System der Zusammenbruch.

Doch Geschichte wird von Menschen gemacht. Dieses Buch zeigt auf, warum wir nicht verdienen, was wir verdienen. Es erklärt, warum der Lohnschwund kein Schicksal ist und was wir dagegen tun können: als Arbeitnehmer, als Verbraucher und als Wähler. Es stellt die Frage, ob innovative Ideen wie ein allgemeinen Grundeinkommen eine Lösung sein können. Karl Marx hat dem Kapitalismus einst den Untergang vorhergesagt, weil er davon überzeugt war, dass der Kapitalismus früher oder später an seinen inneren Widersprüchen zugrunde geht. Es kam bekanntlich anders. Er hat der Menschheit quer durch alle Schichten zuvor unvorstellbaren materiellen Wohlstand beschert. Aber dieser Wohlstand musste erkämpft werden. Er ist das Ergebnis eines jahrhundertelangen Ringens um die Früchte der Arbeit. Dieses Ringen geht nun in die nächste Runde.

## Immer wieder sonntags

*Geiz ist geil!*
**Saturn**

Erinnern Sie sich an »Sabine Christiansen«? So hieß eine Talkshow der gleichnamigen Moderatorin, die fast zehn Jahre lang am Sonntagabend zur besten Sendezeit in der ARD lief. Bei »Sabine Christiansen« traf sich um die Jahrtausendwende alles, was in Politik und Wirtschaft Rang und Namen hatte. Die Sendung war in ihren Hochzeiten so etwas wie Ersatzparlament und Salon in einem. Sie hatte enormen Einfluss auf die politischen Debatten jener Jahre. In diesen Debatten ging es fast immer um die desolate wirtschaftliche Lage. Deutschland machte damals eine der schwersten ökonomischen Krisen der Nachkriegszeit durch. Mehr als fünf Millionen Menschen waren ohne Arbeit, die Staatskassen leer und die Zukunftsaussichten düster. Als der damalige Bundespräsident Horst Köhler das Parlament auflöste, zeichnete er in einer dramatischen Rede das Bild eines Landes, das am Abgrund steht.

In der Sendung wurden die vielfältigen und komplizierten Ursachen der deutschen Krise von den immer gleichen Ökonomen und Wirtschaftsvertretern zumeist einem simplen Deutungsschema untergeordnet. Der Staat: zu fett. Die Löhne: zu hoch. Die Arbeitnehmer: zu faul. »Melkkuh Sozialstaat – sind wir ein Volk von Abzockern« lautete das Motto einer Sendung. »Arm durch Arbeit, reich durch Hartz IV« das einer anderen.

Die Nichtregierungsorganisation LobbyControl hat »Sabine Christiansen« in einer Studie als »Schaubühne der Einflussreichen und Meinungsmacher und als Plattform für einen neoliberal geprägten Reformdiskurs« bezeichnet. Das mag übertrieben sein, doch im Rückblick ist nicht zu übersehen, dass sich in diesen Jahren eine Interpretation der wirtschaftlichen Probleme des Landes durchsetzte, die dann in Gestalt der Agenda 2010 politische Konsequenzen hatte und die heute noch die öffentliche Diskussion bestimmt. Nach dieser Lesart war Deutschland wegen seines verkrusteten Arbeitsmarkts und seiner hohen Löhne auf dem Weltmarkt schlicht nicht mehr wettbewerbsfähig. Deshalb müssten die Kosten runter, denn sonst würden die Unternehmen ihre Produktionsstätten nach Indien, China oder Marokko verlagern. Und deshalb sei es sinnvoll, auf Einkommen zu verzichten. Denn eine schlecht bezahlte Arbeit sei doch besser als überhaupt keine Arbeit.

Das ist nicht alles komplett falsch, aber es ist nur die eine Hälfte der Wahrheit.

Die These dieses Buchs lautet, dass die Welt heute in einer besseren Verfassung wäre, wenn damals auch über andere Wege aus der Krise diskutiert worden wäre. Wenn man berücksichtigt hätte, dass der Lohn nicht nur Kosten verursacht, sondern auch Einkommen schafft. Wenn der Ausbau von Arbeitnehmerrechten als Errungenschaft begriffen worden wäre und nicht als Anachronismus. Inzwischen müssen sich die deutschen Unternehmen sogar von Ben Bernanke, dem langjährigen Präsidenten der amerikanischen Notenbank Federal Reserve, sagen lassen, dass ihre Beschäftigten in den vergangenen Jahren zu kurz ge-

kommen seien und eine »substanzielle Lohnerhöhung«
überfällig sei.

Wie konnte es so weit kommen? Wer die Gegenwart
verstehen will, muss die Vergangenheit kennen. Deshalb
beginnt diese Geschichte im alten Ägypten.

# Woher das Geld kommt

*Wer baute das siebentorige Theben?*
*In den Büchern stehen die Namen von Königen.*
*Haben die Könige die Felsbrocken herbeigeschleppt?*
**Bertolt Brecht**

Vor mehr als 3000 Jahren verfasste der Dorfschreiber einer Ansiedlung in der Nähe der ägyptischen Handelsmetropole Theben eine dringliche Note an seinen Dienstherrn, einen Wesir mit dem Namen Ta. »Ich teile meinem Herrn mit, dass wir Handwerker äußerst elend geworden sind«, heißt es in dem Bericht. Und weiter: »Alle Sachen für uns, die wir aus dem Schatzhaus, der Scheune und dem Magazin erhielten, sind weggelassen worden. Nicht leicht ist aber das Schleppen von Steinen. Möge mein Herr handeln, dass unser Lebensunterhalt uns gewährt wird! Denn wir sind schon am Sterben, wir sind kaum noch am Leben, denn man gibt uns unsere Sachen nicht.« Der Name des Dorfes: Deir el-Medineh. In den folgenden Tagen und Wochen entspann sich dort am Rand der Wüste der erste dokumentierte Arbeitskampf der Menschheitsgeschichte.

Es gibt verschiedene Definitionen des Begriffes »Arbeit«. Im allgemeinen Sinn bezeichnet er jede bewusste und zielgerichtete körperliche oder geistige Tätigkeit. Wenn in diesem Buch von Arbeit die Rede ist, dann ist damit ein soziales Phänomen gemeint. Das eigene Schaffen bringt einen Nutzen für andere und wird deshalb mit einer Gegenleistung entgolten: dem Arbeitslohn. Andernfalls würde ohne Zwang niemand arbeiten.

Die Ursprünge der Arbeit reichen bis in die Steinzeit zurück. Schon die Neandertaler verteilten wohl bei der Jagd unterschiedliche Aufgaben an die Mitglieder der Jagdgemeinschaft. Entsprechend wurde die Beute hinterher nach festen Regeln verteilt. Wer also zum Beispiel eine Fanggrube aushob, konnte sich darauf verlassen, ein Stück abzubekommen – obwohl vielleicht ein anderer das Tier aufspürte und in Richtung der Falle trieb. Das Fleisch war also der Lohn für das Graben, das für sich genommen dem Grabenden keinen Nutzen gebracht hätte. Allerdings ist wenig über die Arbeitsbedingungen in der Frühgeschichte bekannt, die Aufzeichnungen aus Ägypten sind das älteste Zeugnis des Ringens um die Früchte der Arbeit.

Deir el-Medineh wurde für Arbeitskräfte errichtet, die im Tal der Könige Grabanlagen für Regenten und hohe Beamte in die Berge treiben sollten. Als ein Team unter der Leitung des französischen Archäologen Bernard Bruyère in den fünfziger Jahren des vergangenen Jahrhunderts hier Ausgrabungen durchführte, entdeckten sie einen etwa 50 Meter tiefen Schacht. Welchem Zweck er diente, konnte bis heute nicht abschließend geklärt werden, wahrscheinlich handelte es sich um eine Art Müllkippe für die Einwohner des Dorfes. Sie entpuppte sich als archäologische Goldgrube, denn die Dorfbewohner hatten wohl auch nicht mehr benötigte Schriftstücke entsorgt. Man fand neben Statuen, Möbeln und Sandalen auch Tausende Tonscherben mit Inschriften – sogenannte Ostraka. Sie erlauben einen detaillierten Einblick in die Alltagswelt der vorderasiatischen Hochkulturen.

Die Siedlung war von etwa 1550 bis 1069 vor Christus bewohnt und umfasste etwa 30 bis 120 Grabarbeiter mit ihren Familien. Die Arbeiter waren in »Trupps« organisiert. Diese Trupps wurden angeführt von einem Vorarbeiter, Schreiber protokollierten die Gehälter und die verwendeten Materialien. Der Lohn wurde in Form von Weizen und Gerste für das Brauen von Bier ausgezahlt, zusätzlich gab es Öle und Fette, Gemüse, Obst, Fisch, Brennmaterial und Kleidung. Die Vorarbeiter erhielten fünfeinhalb Sack (76,88 Liter) Weizen und zwei Sack Gerste, die einfachen Arbeiter vier Sack Weizen und eineinhalb Sack Gerste. Das war für damalige Verhältnisse nicht wenig – und wie heute besserten Handwerker ihren Lohn dadurch auf, dass sie nach Feierabend gegen Bezahlung bei Privatleuten aushalfen. Die Arbeiter wohnten in relativ komfortablen Häusern mit einer durchschnittlichen Grundfläche von 75 Quadratmetern. In manchen Häusern führte eine Treppe auf eine Art Dachterrasse. Zur Einrichtung gehörten Tische, Betten, Stühle und Haushaltsgeräte. Das war für die damalige Zeit ein »beachtlicher Lebensstandard«, wie der Ägyptologe Arne Eggebrecht feststellt.

Mitte des zwölften Jahrhunderts vor Christus begann der Pharao Ramses III. eine Reihe von ehrgeizigen Bauprojekten. Er ließ Tempelanlagen renovieren und Grabstätten errichten. Dieses Investitionsprogramm, wie man es heute nennen würde, führte dazu, dass die staatlichen Getreidevorräte knapp wurden. Hinzu kamen Korruption und Nachlässigkeit der für die Versorgung zuständigen Beamten. Jedenfalls wurde den Arbeitern in Deir el-Medineh der Lohn nicht mehr pünktlich ausbezahlt – und sie gingen auf die Straße. Ein Papyrus, der heute in einem Museum in Turin aufbewahrt wird, protokolliert die Ereignisse. »Es gibt keine Kleider, keine Salben, keinen Fisch und kein Gemüse«, beschwerten sich die Arbeiter demnach. »Schickt zu Pharao, unserem guten Herrn, in dieser Sache und zum Wesir, unserem Vorgesetzten, damit wir versorgt werden.«

Es ist davon auszugehen, dass das nicht ganz korrekt war. Die Ernten waren gut, viele Dorfbewohner hatten Vorräte angelegt. In einem anderen Bericht wird vermerkt, dass einer von ihnen 55 Stück süße Kuchen kaufte. Das hielt die Arbeiter aber nicht davon ab, ihren Forderungen Nachdruck zu verleihen. Sie zogen zu Tempelanlagen am Rand der Wüste und drangen in einige Gebäude ein – und sie zogen die Vertreter der Staatsgewalt auf ihre Seite. Der regionale Polizeioberst Menthmose solidarisierte sich mit ihnen: »Hier mein Rat: Sammelt euer Werkzeug ein, verschließt eure Türen und nehmt Frauen und Kinder. Vor euch her will ich zum Totentempel (…) ziehen und euch dort am Morgen Zutritt verschaffen.« Die Situation ist so brisant, dass sich der Wesir Ta – gewissermaßen der oberste Dienstherr der Arbeiter – gezwungen sieht, einzugreifen. Er schreibt einen Brief an die Dorfbewohner und weist jede Schuld von sich. Er habe nach Vorschrift weitergegeben, was er in den Kornspeichern »gefunden habe«.

Um die Gemüter zu beruhigen, weist Ta seine Leute an, den Arbeitern sofort die Hälfte der ihnen zustehenden Rationen zuzuteilen – was natürlich als Frechheit empfunden wird und umgehend für neue Proteste sorgt. Die Auseinandersetzung zieht sich über Monate hin. Es kommt immer wieder zu Angeboten, Gegenangeboten und Verhandlungen. Inwieweit die Forderungen erfüllt wurden, lässt sich heute nicht mehr mit Sicherheit sagen. Aber zum ersten Mal in der Geschichte haben Arbeiter die Erfahrung gemacht, dass sie mit vereinten Kräften etwas erreichen können. Das wird noch eine wichtige Rolle spielen. Doch zunächst einmal beginnt ein dunkles Kapitel in der Geschichte der Arbeiterschaft.

## Sklaven und Tagelöhner

Im 4. Jahrhundert vor Christus ereignete sich in Athen eine folgenschwere Begegnung. Der junge Xenophon, Spross einer wohlhabenden Familie, trifft in einer engen Gasse auf den Philosophen Sokrates. Xenophon ist davon so beeindruckt, dass er sich selbst für Philosophie zu interessieren beginnt. Wenige Jahre später lässt er sich auf einem Landgut nieder und verfasst eine kurze Schrift: »Oikonomikos – Ein Gespräch über die Haushaltsführung«.

Man könnte sie als das erste wirtschaftswissenschaftliche Lehrbuch der Geschichte bezeichnen. Xenophon erkannte schon vor mehr als 2000 Jahren, dass die Arbeitsteilung den Wohlstand mehrt. Begeistert berichtet er davon, dass sich Schuhe effizienter herstellen ließen, wenn sich jeder Schuhmacher auf einen Teilaspekt der Schuhproduktion konzentrierte. Xenophon denkt auch darüber nach, wie sich der Wohlstand der Stadt Athen durch Zuwanderung qualifizierter Arbeitskräfte steigern ließe – ebenfalls ein Thema von höchster Aktualität.

Was die Arbeit angeht, hatte er allerdings ganz besondere Vorstellungen: »Die sogenannten handwerklichen Beschäftigungen sind verschrien und werden aus Staatsinteresse mit Recht sehr verachtet. Sie schwächen nämlich den Körper des Arbeiters, da sie ihn zu einer sitzenden Lebensweise und zum Stubenhocken zwingen oder sogar dazu, den ganzen Tag am Feuer zuzubringen. Wenn aber der Körper verweichlicht wird, leidet auch die Seele. Auch halten diese sogenannten spießbürgerlichen Beschäftigungen am meisten davon ab, sich um die Freunde und um den Staat zu kümmern. Daher sind solche Leute ungeeignet für den Verkehr mit Freunden und die Verteidigung des Vaterlandes. Deshalb ist es in den meisten Städten, am meisten aber in denen, die den Krieg lieben, keinem Bürger erlaubt, sich einer handwerklichen Beschäftigung zu widmen.«

Xenophon stand mit dieser Auffassung nicht allein. In der griechischen Antike war Arbeit die Sache der Sklaven. Der freie Mann sollte sich, ohne durch materielle Zwänge abgelenkt zu sein, um die Angelegenheiten der Allgemeinheit kümmern können. Wer arbeitet – genauer gesagt: wer für andere arbeitet –, begibt sich in Abhängigkeiten, die mit dem Ideal des Staatsbürgers nicht zu vereinbaren sind. Deshalb blicken die griechischen und römischen Denker, die in der Regel der Oberschicht angehörten, mit Verachtung auf die Erwerbsarbeit. Für den griechischen Philosophen Aristoteles ist es das »Kennzeichen eines unabhängigen Mannes, nicht in Abhängigkeit von anderen zu leben«. Der römische Gelehrte Cicero hat es besonders auf die Handelsberufe abgesehen. Seiner Ansicht nach sind diejenigen als »schmutzig« anzusehen, die »von den

Großhändlern Waren erhandeln, um sie sogleich weiterzuverkaufen«. Schließlich dürfe man »davon ausgehen, dass sie selbst nichts zustande bringen, außer dass sie gründlich lügen«.

Dabei hätten die Denker der Antike wohl keine Gelegenheit zum Denken gehabt, wenn nicht jemand die anfallende Arbeit erledigt hätte. Zwar gab es dafür Sklaven, doch auch Freigeborene mussten Geld verdienen, wenn sie nicht über Vermögen verfügten. Sie arbeiteten dann als Tagelöhner oder Handwerker und wurden zum Beispiel bei der Errichtung öffentlicher Bauten engagiert. In Grabinschriften sind die am Bau beteiligten Vermessungstechniker, Zimmerleute und Steinmetze zuweilen sogar mit Namen erwähnt. Die Arbeitsbedingungen der Freien unterschieden sich dabei nicht sehr von denen der Sklaven. Es gab Sklaven, denen der soziale Aufstieg gelang. Sie arbeiteten als Architekten, leiteten Handwerksbetriebe oder verwalteten Geld. Weil sie dafür entlohnt wurden, konnten sie zum Teil erhebliche Vermögen anhäufen. Wenn es gutging, wurden sie nach einigen Jahren freigelassen und mit eingeschränkten Rechten in die römische Bürgerschaft aufgenommen. So war etwa der bekannte römische Architekt Cyrus, der auch für Cicero arbeitete, möglicherweise ein Sklave.

Der Mehrheit der Sklaven ging es allerdings genau wie den freien Tagelöhnern wesentlich schlechter. Die Arbeit war hart und monoton. In vielen Fällen arbeiteten Freie und Unfreie gemeinsam auf einer Baustelle. Statusfragen spielten da in der Regel keine Rolle. Die Löhne lagen im 2. Jahrhundert vor Christus bei rund drei bis sechs Sesterzen am Tag, das macht etwa 1000 Sesterzen im Jahr bei einer regelmäßigen Beschäftigung. Eine durchschnittliche Wohnung kostete etwa 2000 Sesterzen Miete pro Jahr. Die Arbeiter lebten deshalb bestenfalls in einer der schäbigen Mietskasernen, die in vielen Fällen weder über Kochgelegenheiten noch sanitäre Anlagen verfügten – und immer wieder einstürzten oder ausbrannten. Man nimmt an, dass sie sich auf bestimmten Plätzen versammelten und dort ihre Arbeitskraft anboten.

Überliefert sind auch Vorformen der heute üblichen Arbeitsverträge, in denen die Höhe des Lohnes und das Stellenprofil geregelt werden. Einen solchen Vertrag schließt im Jahr 164 v. Chr. ein gewisser Flavius Secundinus ab. Er verpflichtet sich, für ein halbes Jahr gegen Lohn und Unterkunft in einer Goldmine zu arbeiten und »gesund und stark« zum Dienst zu erscheinen. Sogar eine Art Kündigungsschutz wurde vereinbart: Wenn eine der beiden Parteien den Vertrag vor Ende seiner regulären Laufzeit kündigt, wird eine Strafe von fünf Sesterzen pro Tag fällig. Im alten Rom existierte also trotz der Sklavenwirtschaft bereits so etwas wie ein Markt für Arbeit. Die Höhe der Löhne aus diesem Markt hing ab vom Verhältnis von Angebot und Nachfrage auf diesem Markt. Der Altertumsforscher Peter Temin hat gezeigt, dass die preisbereinigten Löhne um ein Drittel zulegten, als eine Seuche zwischen 165 und 175 v. Chr. bis zu fünf Millionen Menschen dahinraffte. Das Arbeitsangebot ging also deutlich zurück, und die verbleibenden Arbeiter konnten die Knappheit nutzen und höhere Löhne durchsetzen – eine Methode, die noch heute gebräuchlich ist.

## Bete und arbeite

Um 50 n. Chr. schreibt der Apostel Paulus eine Reihe von Briefen an eine von ihm gegründete Gemeinde in Thessaloniki. Im zweiten Brief befasst er sich mit dem Thema Arbeit – und kommt für die damalige Zeit zu ungewöhnlichen Schlussfolgerungen. »Wenn jemand nicht arbeiten will«, schreibt Paulus, »so soll er auch nicht essen.« Ganz offensichtlich gibt es einen Anlass für diese Ermahnung. »Wir hören, dass etliche unter euch unordentlich wandeln, indem sie nichts arbeiten, sondern fremde Dinge treiben. Solchen aber gebieten wir und ermahnen sie in dem Herrn Jesus Christus, dass sie, in der Stille arbeitend, ihr eigenes Brot essen.«

Die Briefe des Paulus gehören zu den ältesten erhaltenen schriftlichen Dokumenten des Christentums. Aus ihnen spricht ein Verständnis der menschlichen Arbeit, das sich von dem der Antike radikal unterscheidet. Arbeit wird nun als dem Menschen von Gott auferlegte Aufgabe begriffen – und sogar die Erschaffung der Welt ist im christlichen Schöpfungsmythos ein Akt der Arbeit, und erst nachdem am siebten Tag das Werk vollbracht ist, darf Gott ruhen. Während Müßiggang in der griechisch-römischen Antike noch als legitime Tätigkeit des freien Mannes gilt, verkehrt sich dies durch christlichen Einfluss in sein Gegenteil: Die Faulheit (Acedia) ist in der christlichen Theologie eine der sieben schlechten Charaktereigenschaften, ein Gedanke, der sich auch im Leitspruch der Benediktinermönche »Ora et labora« (Bete und arbeite) niederschlägt. Der Soziologe Max Weber (1864 – 1920) versuchte sogar, die Entstehung des Kapitalismus aus der protestantischen Ethik herzuleiten. Nach Webers Vorstellung findet das protestantische Ideal eines tugendhaften und enthaltsamen Lebens seine Entsprechung in der Logik der kapitalistischen Profitlogik.

Im Wirtschaftsleben kommt es im späten Mittelalter zu einer Neubewertung der Arbeit. Vom 14. Jahrhundert an taucht der Begriff des »Lohnarbeiters« auf. Das hat vor allem mit dem Bergbau zu tun, der in ganz Europa rasant an Bedeutung gewann, weil Eisen und andere Rohstoffe immer wichtiger für die Produktion wurden. Die Arbeit in den Bergwerken erforderte spezialisierte Arbeitskräfte und eine straffe Organisation der Abläufe. Der Hamburger Historiker Achatz von Müller hat gezeigt, wie der französische Großkaufmann Jacques Cœur um 1450 die Silber- und Bleiminen in der Region Lyon zu einem »leistungsfähigen Montanunternehmen« ausbaute. Er führte klar geregelte Arbeitszeiten ein und richtete die Höhe der Löhne an der Qualifikation aus. Auch in der Tuchindustrie bildeten sich Werkstätten mit einer arbeitsteilig organisierten Produktionsweise heraus.

Die Arbeiter hatten in dieser Zeit nicht viel zu melden. Es gab zwar immer wieder Unruhen, doch sie führten nicht zu einer wesentlichen Verbesserung der Lebensumstände der einfachen Arbeitnehmer. Überliefert ist auch, dass die Unternehmer – oft in Zusammenarbeit mit der jeweiligen Verwaltung – die Löhne drückten, um ihren Profit zu erhöhen. Das geschah zum Beispiel durch die Abwertung des für die Lohnzahlung benutzten Münzgelds oder über die Erhöhung von Abgaben. Widerstand war zumeist zwecklos, wie der Aufstand der Tucharbeiter in Florenz zeigt. In den Sommermonaten des Jahres 1378 gingen die sogenannten Ciompi auf die Straße, um höhere Löhne und mehr Mitbestimmungsrechte durchzusetzen. Nach ersten Erfolgen wurden die Arbeiter am 31. August von einer Bürgermiliz überwältigt und zurück an die Arbeit getrieben.

## Eine Erfindung mit Folgen

Im Jahr 1768 meldet Richard Arkwright in Preston im Nordwesten Englands ein Patent an, das die Welt verändern wird. Arkwright ist das jüngste von 13 Kindern, sein Vater war ein Schneider. Seine Eltern konnten es sich nicht leisten, ihn zur Schule zu schicken, weshalb er von seiner Cousine unterrichtet wurde. Er ging bei einem Friseur in die Lehre und arbeitete als Perückenmacher – vor allem interessierte er sich für die Spinnerei. In der Textilindustrie der damaligen Zeit ging es zu wie heute in der Internetwirtschaft: Überall arbeiteten Tüftler und Erfinder an neuen Geschäftsideen, um die dramatisch wachsende Nachfrage nach Garn zu befriedigen. Die Branche war reif für den Wandel. Die meisten Beschäftigten arbeiteten in häuslichen Familienbetrieben, und ihre Produktivität war gering. Die Erfinder suchten nach Wegen, um die beschwerliche Handarbeit durch mechanische Geräte zu ersetzen.

Arkwright findet einen solchen Weg. Seine Spinnmaschine besteht aus mehreren Garnspindeln, die über ein Rad mit Wasserkraft angetrieben werden. Nur zwei Jahre später steht in dem Städtchen Cromford die erste Textil-

fabrik der Welt. In dem langgestreckten Gebäude aus
roten Ziegeln arbeiten etwa 600 Leute. Sie bedienen die
riesigen Apparaturen, die von einem Wasserrad angetrieben werden und die Baumwollfasern in Garn verwandeln.
Dadurch kann Arkwright sein Garn schneller und billiger
produzieren als die Konkurrenz. Bald schon baut er überall im Land neue Fabriken. Wer für Arkwright arbeitete,
musste nichts vom Spinnen verstehen. Er musste lediglich
die Maschinen bedienen. Und die laufen praktisch rund
um die Uhr, nicht nur in Cromford. Überall im Land
schossen Fabrikhallen aus dem Boden. Im Jahr 1851 beschäftigt die britische Textilindustrie rund 2,2 Millionen
Arbeiter. Das entspricht rund zehn Prozent der Gesamtbevölkerung. Arkwright ist bald ein gemachter Mann. Im
Jahr 1768 wird er zum Ritter geschlagen.

Die industrielle Revolution, die im 18. Jahrhundert von
Großbritannien ausgehend Fahrt aufnimmt, ist die tiefste
Zäsur in der Geschichte der Arbeit. Sie bringt eine radika-
le Umwälzung der ökonomischen und gesellschaftlichen
Verhältnisse mit sich und ist die eigentliche Geburtsstun-
de der abhängigen Beschäftigung, die heute für die meisten Menschen in den Industriestaaten nach wie vor die
wichtigste Einkommensquelle ist.

Die Lebensbedingungen der Arbeiter zu Beginn des
ersten Maschinenzeitalters waren katastrophal. In der
Textilindustrie wurde in der Regel zwölf bis 14 Stunden
am Tag gearbeitet, am Samstag zehn Stunden. Auch Kinder schufteten in der Fabrik, etwa ein Drittel der Arbeiter in Arkwrights Produktionsanlagen waren Kinder. Die
Bewegungsabläufe waren monoton, und die Arbeiter waren der Willkür der Fabrikbesitzer ausgeliefert. Die auf-

strebenden Industriezentren konnten mit der schnell wachsenden Bevölkerung nicht Schritt halten, weshalb es an geeigneten bezahlbaren Unterkünften mangelte. »Um die Mitte des Jahrhunderts (...) war die Stadt ein Symbol der Hoffnungslosigkeit, der bedrückenden Armut, der schlechten Gesundheit, der Krankheit und des Schmutzes, der unzureichenden Wasserversorgung, der nicht vorhandenen Kanalisation und des Fehlens der Reinigung«, heißt es in einem zeitgenössischen Bericht. Oder wie es Karl Marx in einer Rede anlässlich der Sitzung des Generalrats der I. Internationalen Arbeiterassoziation in London formulierte: »Die allgemeine Tendenz der kapitalistischen Produktion geht dahin, den durchschnittlichen Lohnstandard nicht zu heben, sondern zu senken.«

Angesichts des wachsenden Leidensdrucks beginnen die Arbeiter, sich systematisch zu organisieren. Das Proletariat erkennt seine gemeinsamen Interessen. Steht dabei anfangs noch eine Veränderung des bestehenden kapitalistischen Systems im Vordergrund, so geht es ab der zweiten Hälfte des 19. Jahrhunderts um ganz praktische Dinge: mehr Lohn, kürzere Arbeitszeiten und bessere Arbeitsbedingungen. Mit der wachsenden Bedeutung der Fabriken für den Wohlstand des Landes nimmt auch die Macht der Arbeiterklasse zu, ohne die es nicht möglich wäre, den Betrieb in den Fabriken aufrechtzuerhalten. Durch Protestkundgebungen und Streik trotzen die Arbeiter den Unternehmern Stück für Stück Zugeständnisse ab. Schon im Jahr 1847 wird in den englischen Textilunternehmen die Arbeit auf zehn Stunden an Werktagen und acht Stunden an Samstagen begrenzt, 30 Jahre später gilt diese Regelung für alle Fabriken und Werkstätten.

In den britischen Fabriken wurden damit also die Grundlagen gelegt für die moderne Arbeitswelt mit ihren Schutzrechten und Sicherungssystemen, die heute die westlichen Nationen prägt. Die Arbeit bestimmt heute wie keine andere Tätigkeit die Stellung des Einzelnen in der Gesellschaft. Sie ist in den meisten Fällen eine wichtige Voraussetzung für die Teilhabe am gesellschaftlichen Leben und ermöglicht die Erzielung des dafür nötigen Einkommens. Kaum jemand käme heutzutage auf die Idee, wie die Philosophen der Antike damit zu prahlen, keiner Erwerbstätigkeit nachzugehen. Selbst diejenigen, die so reich sind, dass sie eigentlich nicht arbeiten müssten, lassen sich in der Regel nicht gerne beim Nichtstun erwischen. Die Aufwertung, die die Arbeit im Lauf der Jahrhunderte erfahren hat, zeigt sich auch daran, dass ihr ein eigener Artikel in der Erklärung der Menschenrechte durch die Vereinten Nationen im Jahr 1948 gewidmet ist: »Jeder Mensch hat das Recht auf Arbeit, auf freie Berufswahl, auf angemessene und befriedigende Arbeitsbedingungen sowie auf Schutz gegen Arbeitslosigkeit.«

Von England aus griff die industrielle Revolution rasch auf die anderen Staaten Europas und Nordamerikas über. In Deutschland bildeten sich in der zweiten Hälfte des 19. Jahrhunderts industrielle Zentren im Südwesten, in der Region Berlin und im Ruhrgebiet heraus. Die Menschen flüchteten aus ihren Dörfern und zogen in die Städte, wo sie auf ein besseres Leben hofften. Die Bevölkerung wuchs rasant. Die Gewichte in der Wirtschaft verschoben sich. Im Jahr 1870 betrug die Wertschöpfung in der Industrie noch in etwa die Hälfte der Wertschöpfung in der Landwirtschaft. 20 Jahre später war die Industrie an der

Landwirtschaft vorbeigezogen. Nach der gescheiterten demokratischen Revolution von 1848 schließlich traten die Arbeiter auch in Deutschland als handelndes Subjekt auf. Die Arbeiter organisierten sich zunächst in kleinen Vereinen und formierten erste Gewerkschaften. Im Jahr 1863 wurde in Leipzig der Allgemeine Deutsche Arbeiterverein gegründet, aus dem schließlich eine Partei hervorging, die auch heute existiert: die SPD. Der erste Vorsitzende dieses Arbeitervereines war der Anwalt und Autor Ferdinand Lassalle. Er übte sein Amt allerdings nicht lange aus. Schon ein Jahr später wurde er bei einem Duell erschossen. Die Arbeiterbewegung war damit aber keineswegs am Ende. Im Jahr 1898 gab es bereits 985 Streiks, an denen 60 163 Menschen teilnahmen.

Die industrielle Revolution hat das Leben der Menschen stärker verändert als jede andere Epoche. Eine technische Neuerung löst die andere ab. Im Jahr 1782 lässt James Watt die Dampfmaschine patentieren, die zunehmend die Muskelkraft ersetzt. Dampfmaschinen fördern Kohle, treiben Getreidemühlen und Webstühle an. Im Jahr 1835 wird in Deutschland die erste Eisenbahnstrecke eröffnet. Sie verbindet Nürnberg mit dem sechs Kilometer entfernten Fürth. Mit einer Geschwindigkeit von etwa 40 Kilometern in der Stunde ist die Bahn mehr als dreimal so schnell wie Postkutschen. Im Jahr 1887 schätzte das Kaiserliche Statistische Amt in Berlin die Leistung aller damals sich im Betrieb befindlichen Dampfmaschinen auf zwei Millionen Pferdestärken. Dies entsprach nach damaligen Vorstellungen etwa der Arbeitskraft von einer Milliarde Menschen – mehr als zwei Drittel der Weltbevölkerung.

## Wohlstand für alle

Ich bin so weit«, schreibt Karl Marx im Frühling 1851 aus London an seinen Freund und Förderer Friedrich Engels, »dass ich in fünf Wochen mit der ganzen ökonomischen Scheiße fertig bin.« Tatsächlich sollte es noch 16 Jahre dauern, bis der erste Band seines Hauptwerks »Das Kapital« endlich erschien. Er umfasst beinahe 1000 Seiten. Band zwei und drei bleiben unvollendet. Die »ökonomische Scheiße« war komplizierter als gedacht und das Vorhaben vielleicht zu ambitioniert: Nichts Geringeres als die innere Logik der wirtschaftlichen Ordnung seiner Zeit wollte Marx entschlüsseln, das »Naturgesetz« des Kapitalismus. Marx war der festen Überzeugung, dass die Arbeiter ihrem Elend nicht entkommen können und der Kapitalismus sich am Ende selbst zerstört. In dem wenige Jahre zuvor veröffentlichten Buch »Die Lage der arbeitenden Klasse in England« beschreibt Engels, wie die Oberschicht »aus der Not der Arbeiter sich direkt bereichert« und dabei nichts wissen will vom Elend der »besitzlosen Millionen«.

Solche Sätze geben die Verhältnisse in der ersten Hälfte des 19. Jahrhunderts gut wieder. Doch so unmenschlich die Arbeitsbedingungen damals auch waren: In jenen Jahren wurden die Voraussetzungen dafür geschaffen, dass erstmals in der Menschheitsgeschichte eine breite Masse Zugang zu materiellem Wohlstand erhielt. In den darauffolgenden Jahrzehnten stiegen die Einkommen der Arbeiter so stark an, dass sich die Diagnose einer Verarmung der arbeitenden Klasse nicht mehr aufrechterhalten ließ.

Um die gesellschaftliche und ökonomische Tragweite

der industriellen Revolution zu verstehen, muss man sich
vor Augen führen, dass materielle Armut für den größten
Teil der Erdbevölkerung über Jahrhunderte hinweg den
Alltag prägte. Wir haben uns daran gewöhnt, dass die
Wirtschaft wächst – und wenn sie das wie in den Jahren
der Finanzkrise einmal nicht tut, ist die Aufregung groß.
Aber wirtschaftliches Wachstum ist ein vergleichsweise
neues Phänomen. Nach Berechnungen des britischen
Wirtschaftshistorikers Angus Maddison erhöhte sich die
weltweite Wirtschaftsleistung pro Kopf gerechnet zwischen Christi Geburt und dem Ende des 16. Jahrhunderts
praktisch nicht. Was durch technologische Neuerungen
an Wohlstand zusätzlich geschaffen wurde, sei durch das
Wachstum der Bevölkerung zumeist wieder aufgezehrt
worden. Diese Vorstellung geht auf den britischen Bevöl-
kerungsexperten Thomas Malthus (1766–1834) zurück.
Malthus verfasste die erste wissenschaftliche Abhandlung
über die Bevölkerungsentwicklung. Er vertrat die These,
dass die Bevölkerung so schnell zunehme, dass die Nah-
rungsmittelproduktion nicht Schritt halten könne. Deshalb sei der größte Teil der Menschheit zu einem Leben in
Armut verdammt. Der Wirtschaftswissenschaftler Gregory Clark hat in Anlehnung an diese Theorie sogar die –
nicht unumstritten gebliebene – Vermutung geäußert,
dass sich der Lebensstandard in England am Vorabend der
Industrialisierung nicht wesentlich von dem der Steinzeit
unterschieden habe.

Malthus erwies sich als schlechter Prophet. Er veröffentlichte seinen Aufsatz über die Armut im Jahr 1798 – und
wenige Jahre später explodierte das Wachstum geradezu.
In Großbritannien erhöhte sich das um die Inflation be-

reinigte Bruttoinlandsprodukt zwischen 1820 und 1920 im Schnitt um zwei Prozent pro Jahr. Das entspricht pro Kopf gerechnet einem jährlichen Anstieg von 1,1 Prozent. Das klingt zunächst einmal nach nicht sehr viel, doch über einen längeren Zeitraum hinweg summieren sich auch kleinere Wachstumsraten zu einem gewaltigen Wohlstandsschub. Denn mit jedem Jahr wird die Basis größer, von der aus die Wirtschaft weiterwächst. Bei einer Zuwachsrate von zehn Prozent etwa würde aus einem Einkommen von 1000 Euro nach einem Jahr ein Einkommen von 1100 Euro werden. Nach dem zweiten Jahr hätte sich der Betrag aber nicht etwa auf 1200 Euro, sondern auf 1210 Euro erhöht. Nach dem dritten Jahr wären es bereits 1331 Euro. Wegen dieses Basiseffekts hat sich das Einkommen je Einwohner in Großbritannien zwischen 1820 und 1920 annähernd verdreifacht, während sich die allgemeine Wirtschaftsleistung sogar versechsfachte.

Ein derartiger Wohlstandszuwachs verändert eine Gesellschaft von Grund auf. Die Menschen können ja nicht nur über mehr Güter verfügen: Sie erhalten Zugang zu Bildungseinrichtungen und können vielleicht sogar Geld für schlechte Zeiten zurücklegen. Länder ohne wirtschaftliches Wachstum tendieren auch sozial zur Stagnation. Der Wohlstand ist bereits verteilt, und es braucht schon eine Revolution, um die gesellschaftlichen Verhältnisse nennenswert zu ändern. Wer reich ist, bleibt reich, und wer arm ist, bleibt arm. Wenn aber Jahr für Jahr zusätzliche Reichtümer geschaffen werden, dann steigen die Aufstiegschancen für die Unterschicht. Zugleich müssen die Mitglieder der Oberschicht damit rechnen, von den aufstrebenden Gruppen verdrängt zu werden. Die Zunahme

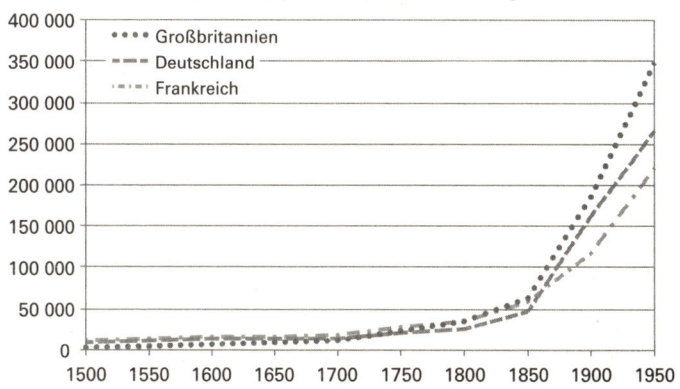

Wohlstand für alle

Wirtschaftsleistung in Dollar, kaufkraftbereinigt

der Massenkaufkraft hat aber auch Folgen für die Organisation des Staatswesens. Im Zuge der Industrialisierung forderten die neu entstehenden Mittelschichten immer lautstärker das Recht auf politische Teilhabe ein und verlangten nach einem Schutz ihres hart erarbeiteten Eigentums vor der Willkür des Staates. In vielen Ländern ging die Entwicklung des Kapitalismus Hand in Hand mit der Entwicklung von Demokratie und Rechtsstaat.

Karl Marx war einer der wenigen, die die gesellschaftliche Dimension des wirtschaftlichen Wachstums schon früh in ihrer ganzen Bedeutung erfasst haben. Im »Kommunistischen Manifest« schrieb er, dass im Kapitalismus »alles Ständische und Stehende verdampft« und die Menschen gezwungen seien, »ihre gegenseitigen Beziehungen mit nüchternen Augen anzusehen«. Und ein überzeugter Liberaler wie Ludwig Erhard wollte »über eine breitgeschichtete Massenkaufkraft die alte konservative soziale Struktur endgültig überwinden«. Der freie Markt ist bei all seinen Defiziten eine Triebfeder der Emanzipation, dadurch hebt sich die Marktwirtschaft von anderen gesellschaftlichen Organisationsformen ab.

Das Pro-Kopf-Einkommen ist eine rein rechnerische Größe. Die gesamte Wirtschaftsleistung eines Landes wird lediglich durch die Zahl der Einwohner geteilt. Für sich genommen, sagt das noch wenig über die Lebensverhältnisse aus, weil ja keine Aussage darüber getroffen wird, wie dieses Einkommen verteilt ist. Es ist theoretisch vorstellbar, dass einer alles verdient und alle anderen nichts. Es wäre grob irreführend, eine solche Gesellschaft als wohlhabend zu bezeichnen. Tatsächlich bekamen die einfachen Arbeiter zunächst wenig vom Aufschwung der Wirtschaft mit. Bis in die vierziger Jahre des 19. Jahrhunderts hinein stagnierten die Realeinkommen, also die um den Kaufkraftverlust durch die Inflation bereinigten Einkommen. Die Profite der Fabrikbesitzer dagegen schossen in die Höhe. Als das »Kommunistische Manifest« im Jahr 1848 erschien, war die Diagnose einer Verelendung der Arbeiterklasse also durchaus durch Fakten gestützt. Die Kapitalisten vereinnahmten den von den Arbeitern geschaffenen Mehrwert für sich – genau, wie es auch Friedrich Engels in seiner Analyse zur Lage der Arbeiterklasse geschrieben hatte.

Der Fehler von Marx und Engels bestand jedoch darin, von der Vergangenheit auf die Zukunft zu schließen – und sie hatten sich noch dazu einen äußerst unglücklichen Zeitpunkt ausgesucht. Denn kurz nach dem Erscheinen des Buches geschah etwas Ungewöhnliches: Die Reallöhne begannen zu steigen. Zwischen 1830 und 1860 legten sie im Schnitt jährlich um 0,86 Prozent zu und zwischen

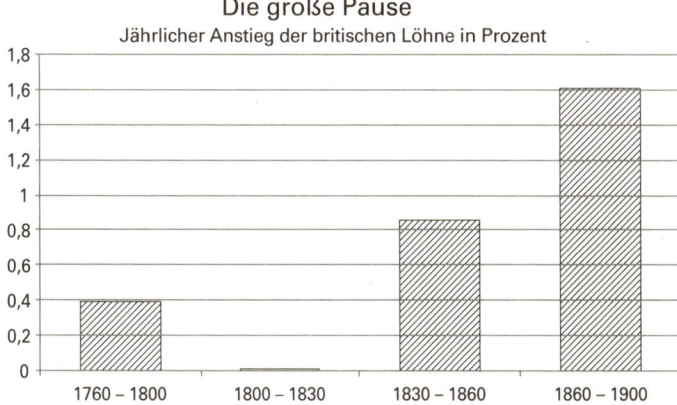

Die große Pause
Jährlicher Anstieg der britischen Löhne in Prozent

1860 und 1900 sogar um 1,61 Prozent pro Jahr – und so ging es in den Jahren darauf weiter. Bis ins 20. Jahrhundert hinein stiegen die Löhne in etwa im Gleichklang mit der allgemeinen Wirtschaftsleistung. Die Arbeiter profitierten auf einmal von der Zunahme des wirtschaftlichen Wohlstands. Der britische Wirtschaftshistoriker Robert Allen hat deshalb vorgeschlagen, die Zeit der stagnierenden Löhne zu Beginn der Industrialisierung als »Engelspause« zu bezeichnen. Seiner Ansicht nach war die von Marx und Engels beobachtete Ausbeutung der Arbeiterklasse nur ein zeitlich begrenztes Phänomen. Es prägte die gesellschaftlichen Verhältnisse in der ersten Hälfte des 19. Jahrhunderts – und damit auch das von den Zuständen in dieser Zeit inspirierte Werk der beiden. Allens unausgesprochener Vorwurf: Wenn Marx zehn Jahre später geboren worden wäre, wäre sein Urteil über die Lage der Arbeiterklasse womöglich ganz anders ausgefallen.

Was ist nun der Grund für den seltsamen Sprung der Löhne? Für Allen erklärt er sich im Wesentlichen aus der

Logik des Kapitalismus. In den ersten Jahrzehnten nach dem Beginn der industriellen Revolution flossen fast alle volkswirtschaftlichen Ressourcen in große Investitionsprojekte: Brücken, Maschinen, Produktionsstätten, Wohnanlagen. Entsprechend gering waren die Löhne der Arbeitnehmer. Man kann sich das Prinzip am einfachsten anhand des folgenden Gedankenmodells vorstellen: Angenommen, eine Volkswirtschaft besteht aus einem Arbeiter und einem Unternehmen. Der Arbeiter hat einen Job, es herrscht also Vollbeschäftigung. Das Unternehmen kann genau ein Produkt herstellen: eine Maschine oder aber ein Radio. Wenn das Radio produziert wird, dann steigt das Angebot an Konsumgütern in der Volkswirtschaft. Der Arbeiter kann sich das Radio kaufen, und damit nimmt sein materieller Wohlstand zu. Wenn dagegen die Maschine hergestellt wird, hat der Arbeiter davon zunächst wenig. Er arbeitet, aber sein Lebensstandard steigt trotzdem nicht. Das Angebot an Konsumgütern in der Volkswirtschaft ist nicht gestiegen. Aber dafür können in der Zukunft dank der Maschine vielleicht drei oder vier Radios produziert werden. Das Elend der Arbeiter war also nicht umsonst: Es ermöglichte erst den späteren Wohlstand.

In der Realität besteht eine Volkswirtschaft natürlich aus einer Vielzahl von Arbeitern und Unternehmen. Aber auch hier stellt sich die Frage, wofür die vorhandenen Ressourcen eingesetzt werden: für die Produktion von Maschinen oder von Gebrauchsgegenständen – also von Investitionsgütern oder von Konsumgütern? In einer Marktwirtschaft ist das keine Entscheidung, die ein zentraler Planer trifft. Sie wird vielmehr über Preissignale erzwungen. Die Arbeiter geben ihr Einkommen in der Regel ganz oder zu einem großen Teil für Konsumgüter aus. Die Fabrikanten hingegen sparen ihren Verdienst oder schaffen damit neue Maschinen an. Deshalb werden in einer Volkswirtschaft, in der die Löhne niedrig sind und die Gewinne hoch, möglicherweise tendenziell mehr Investitionsgüter und weniger Konsumgüter produziert (das gilt allerdings nur, wenn in dieser Volkswirtschaft tatsächlich Vollbeschäftigung herrscht, wenn das nicht der Fall ist, kehrt sich die Logik möglicherweise sogar um – doch dazu später mehr). Genau das ist laut Allen in den Volkswirtschaften Westeuropas in der ersten Hälfte des 19. Jahrhunderts geschehen. Durch den Konsumverzicht der Arbeiter sei es möglich gewesen, einen gigantischen Maschinenpark aufzubauen und so die zukünftigen Produktionsmöglichkeiten enorm auszuweiten. Gegen Mitte des Jahrhunderts war der Kapitalstock dann groß genug. Um die volkswirtschaftlichen Kapazitäten auszulasten, wurden nun neben den Investitionsgütern auch vermehrt Konsumgüter produziert. Die Löhne der Arbeiter begannen zu steigen, und die Arbeiterschaft konnte dadurch am Zuwachs der Produktivität teilhaben.

Dieser kurze Blick in die Vergangenheit hat gezeigt: Schon vor Tausenden von Jahren mussten die Menschen arbeiten, um ihren Lebensunterhalt zu bestreiten. Die Geschichte der Arbeit ist dabei die Geschichte einer Auseinandersetzung um die Aufteilung des erwirtschafteten Wohlstands. Die westliche Welt verdankt ihren sagenhaften materiellen Reichtum der Tatsache, dass über weite Strecken des 19. und 20. Jahrhunderts die Balance stimmte. Aber das trifft auf die Gegenwart nicht mehr uneingeschränkt zu.

# Was wir verdienen

*You load sixteen tons, what do you get?*
*Another day older and deeper in debt.*
**Merle Travis**

Am 16. Oktober 2005 veröffentlicht Ajay Kapur einen Bericht, der es in sich hat. Darin beschreibt er, wie sich immer mehr Länder zu einer »Plutonomie« entwickeln. Darunter versteht Kapur eine Volkswirtschaft, in der die Früchte des Wachstums wenigen Reichen zugutekommen und die breiten Massen immer weiter zurückfallen. Die USA seien das Musterbeispiel für eine solche Plutonomie, »angetrieben von den Wohlhabenden, die einen großen Teil der Wirtschaftsleistung auf sich vereinen«. Die besten Zukunftsaussichten hätten deshalb Unternehmen, die die »Spielzeuge der Reichen« herstellten: Yachten, Sportwagen, Designermöbel. Die These ist für sich genommen nicht überraschend, aber der Autor ist es. Denn Kapur ist kein verkappter Sozialromantiker, sondern der oberste Aktienstratege der amerikanischen Großbank Citigroup. Er will nicht die Gesellschaft verändern, sondern für die vermögenden Kunden der Bank die richtigen Aktien auswählen. Sein Blick ist der eines kühlen Beobachters, der aus den großen sozio-ökonomischen Trends Kapital schlagen will. Genau das macht seine Untersuchung so interessant.

Kapurs Arbeitgeber war die Sache irgendwann doch peinlich. Die Citigroup versuchte, die Verbreitung des

35-seitigen Papiers zu verhindern. Kapur verließ die Bank und gründete einen Hedgefonds, aus dem aber nichts wurde. Inzwischen arbeitet er für die Bank of America. Wenn selbst ein Börsianer zu dem Schluss kommt, und dies öffentlich auch äußert, dass die Reichen immer reicher werden, dann ist das ein gewichtiges Indiz dafür, dass in den Jahren zuvor etwas schiefgelaufen ist. Was genau – davon handelt dieses Kapitel. Das geht nicht ohne Zahlen und Statistiken, aber lassen Sie sich davon nicht abschrecken.

## Der Lohnschwund

Die vielleicht wichtigste Größe in einer Volkswirtschaft ist das Bruttoinlandsprodukt (kurz: BIP). Es bezeichnet den Wert aller innerhalb eines Jahres in einem Land hergestellten Güter und Dienstleistungen: Autos, Kinofilme, Herrenhaarschnitte und so weiter. Die Produktion einer Winterjacke erhöht das Bruttoinlandsprodukt ebenso wie ein Kinobesuch oder ein Abendessen im Restaurant. Das BIP ist also ein mögliches Maß für den materiellen Wohlstand eines Landes. Wenn es steigt, dann können in einer Volkswirtschaft mehr Waren und Dienstleistungen angeboten werden. Man kann sich das wie einen riesigen Kuchen vorstellen, der jährlich neu gebacken wird.

Die Kuchenbäcker lassen sich dabei in zwei Gruppen oder Produktionsfaktoren unterteilen: die Arbeitnehmer und die Kapitaleigentümer. Die Arbeitnehmer bringen ihre Arbeitskraft und ihr Wissen, die Kapitaleigentümer

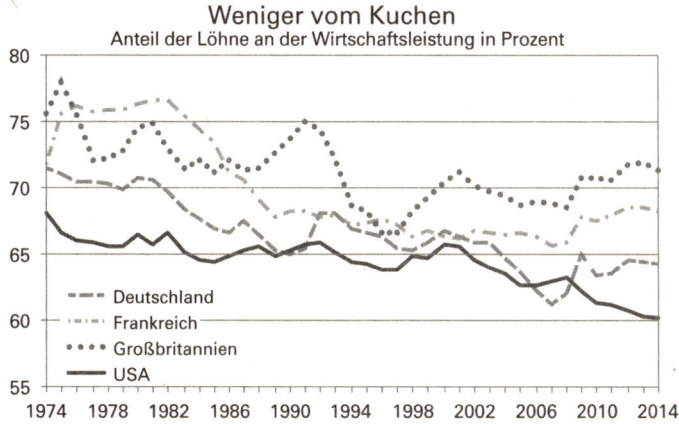

Weniger vom Kuchen
Anteil der Löhne an der Wirtschaftsleistung in Prozent

- - - Deutschland
·—·—· Frankreich
•••• Großbritannien
—— USA

die Produktionsanlagen ein. Beide haben also ein Anrecht auf Teilhabe an dem von ihnen geschaffenen Wohlstand. Diese Teilhabe wird im Fall der Arbeitnehmer über die Löhne organisiert und im Fall der Kapitaleigentümer über Zinsen und Gewinne. Auf diese Weise lässt sich das gesamte erwirtschaftete Einkommen in Kapitaleinkommen und Lohneinkommen aufteilen. Das ist in der Praxis nicht immer ganz leicht. Die Verdienste der angestellten Arbeitnehmer werden in der amtlichen Statistik ausgewiesen, nicht jedoch das Arbeitseinkommen der Selbständigen. Doch im Laufe der Zeit haben Ökonomen Verfahren entwickelt, um solche Probleme zu lösen.

Wie wir bereits gesehen haben, stiegen die Löhne in der zweiten Hälfte des 19. Jahrhunderts stark an. Das trieb auch die Lohnquote nach oben. Danach bewegte sie sich lange Zeit kaum noch. Dies veranlasste den ungarischen Ökonomen Nicholas Kaldor, in einem inzwischen berühmten Aufsatz im Jahr 1957 zu postulieren, dass es sich bei dem Schlüssel für die Verteilung des Kuchens um eine

Art volkswirtschaftliche Konstante handelt: Der Anteil der Arbeitnehmereinkommen und der Kapitaleinkommen an der jährlichen Wirtschaftsleistung bleibt demnach in den entwickelten kapitalistischen Volkswirtschaften im Zeitablauf in etwa gleich. Wenn zum Beispiel auf Arbeit und Kapital je die Hälfte des Gesamteinkommens entfallen und sich dieses Einkommen von 1000 auf 2000 Euro verdoppelt, dann verdoppelt sich auch der Anteil der Arbeitnehmer und der Unternehmer jeweils von 500 auf 1000 Euro. Das Verhältnis der beiden Größen zueinander verändert sich nicht.

Das Problem dieser Theorie: Sie stimmt nicht mehr. Denn in den achtziger Jahren des vorigen Jahrhunderts begann die Lohnquote in praktisch allen Industriestaaten gleichzeitig zu fallen. In Deutschland ging sie zwischen 1980 und 2013 von 70,7 Prozent auf 64,4 Prozent zurück, in den USA sank sie von 66,5 Prozent auf 60,3 Prozent, in Großbritannien von 74,5 Prozent auf 71,8 Prozent. In den sieben führenden Industrienationen insgesamt verringerte sich die Lohnquote in diesem Zeitraum im gewichteten Durchschnitt von 71,4 Prozent auf 60,4 Prozent. Die an der Universität von Chicago lehrenden Wirtschaftswissenschaftler Loukas Karabarbounis und Brent Neiman haben in einer aktuellen Studie die Entwicklung der Lohnquote in 59 Ländern untersucht, in 42 davon ist sie in den vergangenen Jahren gesunken. Und das bedeutet, dass die Arbeitnehmer einen immer geringeren Anteil des Kuchens abbekommen.

Wo ist das Geld hin, das den Arbeitnehmern vorenthalten wird? Weil das Volkseinkommen auf die Produktionsfaktoren Arbeit und Kapital aufgeteilt wird, ergänzen sich

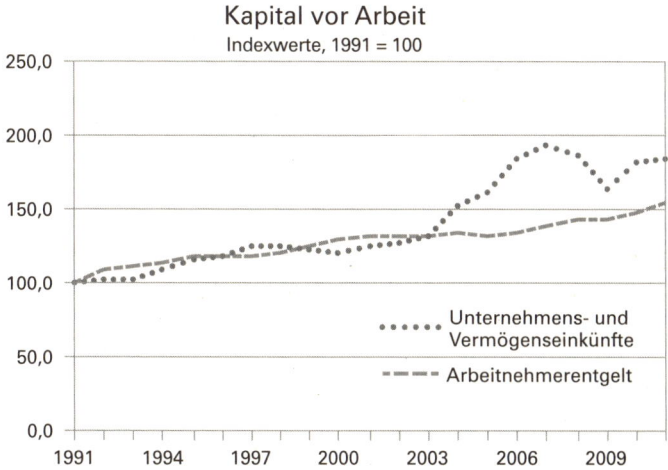

**Kapital vor Arbeit**
Indexwerte, 1991 = 100

•••••• Unternehmens- und
        Vermögenseinkünfte

– – – – Arbeitnehmerentgelt

die Lohnquote und die Kapitalquote zu 100 Prozent.
Wenn der Anteil des Faktors Arbeit sinkt, muss schon rein
mathematisch der Anteil des Faktors Kapital größer werden. Und so war es auch: In den meisten Industrienationen
sind die Gewinne der Unternehmen sowie die Einkünfte
aus Zinsen und Dividenden in den vergangenen Jahren erheblich gestiegen. Zwischen 1991 und 2013 sind die Unter-
nehmens- und Vermögenseinkommen um 82 Prozent gestiegen. Die Arbeitnehmerentgelte dagegen legten nur um
66 Prozent zu.

Nun beziehen auch Arbeitnehmer Kapitaleinkommen –
zum Beispiel weil sie Geld angespart haben oder Aktien
besitzen. Insofern können auch die Beschäftigten von den
gestiegenen Kapitalerträgen profitieren. Doch davon dürfte nur eine kleine Gruppe profitieren, weil die Vermögen
in Deutschland höchst ungleich verteilt sind. Nach einer
Untersuchung des Deutschen Instituts für Wirtschaftsforschung (DIW) aus dem Jahr 2014 verfügt gut ein Fünftel

aller Erwachsenen über kein persönliches Vermögen. Dagegen besitzt das reichste Zehntel ein Nettovermögen von
mindestens 217 000 Euro. Für die große Mehrheit der Bevölkerung in Deutschland und in den meisten anderen Industrienationen ist deshalb das Arbeitseinkommen die
Grundlage der materiellen Existenz – und deshalb wirkt
sich der Rückgang der Lohnquote unmittelbar auf das ver-
fügbare Einkommen der Arbeitnehmer aus. Selbst aus
Sicht der Bundesbank ist das auf Dauer keine Lösung. Im
Juni 2014 sagte Bundesbankpräsident Jens Weidmann, es
sei »zu begrüßen«, dass die Löhne in Deutschland nun
wieder schneller stiegen. Das ist insofern bemerkenswert,
als die Bundesbank eine der konservativsten wirtschaftspolitischen Institutionen in Deutschland ist. Ein Bundes-
banker, der höhere Löhne gutheißt – das ist ungefähr so,
wie wenn der Papst mehr Seitensprünge fordert oder der
ADAC ein Tempolimit auf allen Autobahnen.

## Die Schere geht auf

Die Entwicklung der Lohnquote hat gezeigt, dass in den
vergangenen Jahren Einkommen von Arbeitnehmern
auf die Kapitaleigentümer umverteilt wurde. Es kommt
aber – aus Sicht der arbeitenden Klasse – noch schlimmer.
Denn in die Lohnquote fließen auch die Verdienste der
absoluten Topverdiener: Konzernchefs, Investmentban-
ker, Spitzensportler. Und deren Gehälter sind rasant gestiegen. Im Jahr 1980 erwirtschaftete das oberste Prozent
der Einkommensbezieher in den USA rund acht Prozent

des Volkseinkommens, heute sind es 22 Prozent. Zwischen 1978 und 2012 ist die Vergütung von Vorstandschefs amerikanischer Konzerne um 875 Prozent gestiegen – nach Abzug der Inflation. Im Vergleich zu den USA lief es für die Spitzenverdiener in Deutschland zwar nicht ganz so gut, aber Grund zur Klage hatten sie auch hierzulande nicht. Entfielen im Jahr 1991 noch 25,9 Prozent der Einkommen auf die obersten zehn Prozent, so waren es im Jahr 2011 schon 31,3 Prozent.

Ganz anders dagegen die Entwicklungen am anderen Ende der Einkommenspyramide. Der Anteil der unteren 50 Prozent am Volkseinkommen ist in den USA von 18 auf zwölf Prozent gesunken. Viele amerikanische Arbeitnehmer verdienen heute preisbereinigt nicht mehr als vor 30 Jahren: Die realen Stundenlöhne für einfache Arbeiter stiegen zwischen 1978 und 2012 nur um 5,4 Prozent. In Deutschland erwirtschafteten die unteren 50 Prozent der Einkommensbezieher im Jahr 1991 knapp 22,1 Prozent der Einkommen, im Jahr 2011 waren es nur noch 16,3 Prozent. Das mittlere Lohnniveau eines vollzeitbeschäftigten männlichen Arbeitnehmers mit geringer Qualifikation war preisbereinigt im Jahr 2004 niedriger als im Jahr 1994. Innerhalb dieser Gruppe mussten insbesondere junge Erwerbstätige »starke Reallohnverluste« hinnehmen, wie es der Sachverständigenrat zur Begutachtung der gesamtwirtschaftlichen Entwicklung formulierte. Ein wichtiger Grund dafür: In Deutschland hat sich in den vergangenen Jahren ein Niedriglohnsektor herausgebildet, der zu den größten in ganz Europa gehört. Diesem Sektor gehört nach internationaler Konvention an, wer weniger als zwei Drittel des mittleren Lohns verdient. Im Jahr 2011 waren

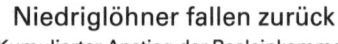

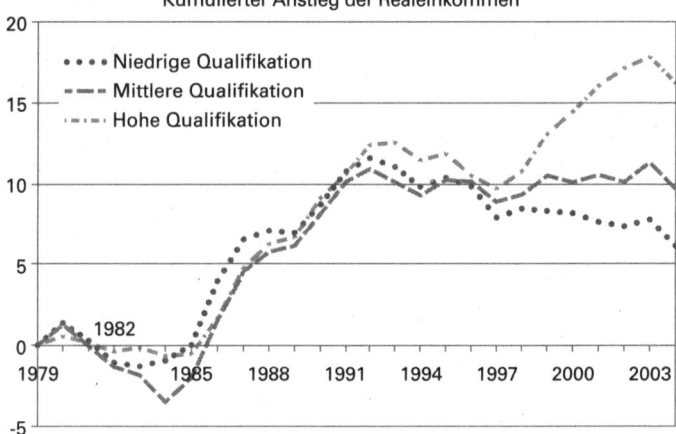

Niedriglöhner fallen zurück
Kumulierter Anstieg der Realeinkommen

•••• Niedrige Qualifikation
‒ ‒ Mittlere Qualifikation
·‒·‒· Hohe Qualifikation

das nach Schätzungen des Deutschen Instituts für Wirtschaftsforschung rund 24 Prozent aller Arbeitnehmer – darunter viele Frauen, Ausländer und befristet Beschäftigte.

Das muss für sich genommen noch keine schlechte Nachricht sein. Billigjobs helfen dabei, Menschen mit niedriger Qualifikation in den Arbeitsmarkt zu integrieren – wenn diese Menschen wegen ihrer geringen Produktivität zu höheren Löhnen keinen Zugang finden. Deshalb sollte man diese Jobs nicht pauschal verdammen. Doch bei etwa 6,1 Prozent der Beschäftigten im Niedriglohnsektor handelt es sich nach Angaben des Instituts für Arbeitsmarkt und Berufsforschung um vollzeitbeschäftigte Männer mit abgeschlossener Ausbildung, deutscher Staatsangehörigkeit und einem Lebensalter von mehr als 30 Jahren. Arbeitnehmer mit solchen Voraussetzungen sollten eigentlich höhere Löhne erzielen können. Dass sie es nicht tun, deutet darauf hin, dass die Löhne nicht nur

wegen der Eingliederung von Beschäftigten mit einer geringen Qualifikation sinken – und trotz aller Erfolge der
vergangenen Jahre etwas ganz grundsätzlich nicht in Ordnung ist auf dem deutschen Arbeitsmarkt. Tatsächlich
sind auch die Reallöhne von Arbeitnehmern mit einem
mittleren Qualifikationsniveau in den neunziger Jahren
unter Druck geraten.

Wie sehr sich die Schere zwischen Arm und Reich geöffnet hat, zeigt sich, wenn das Gehalt der Vorstandschefs
ins Verhältnis gesetzt wird zum Verdienst ihrer Mitarbeiter. In den USA verdiente ein Topmanager im Jahr 1965 im
Schnitt 18-mal so viel wie ein einfacher Angestellter, im
Jahr 2012 war es bereits das 273-Fache. In Deutschland
wird an die Spitzenmanager der großen Aktiengesell-
schaften im Mittel etwa 53-mal so viel ausbezahlt wie an
durchschnittliche Angestellte. Zuletzt ist die Kluft hierzulande zwar nicht mehr größer geworden. Sie hat sich aber
auch nicht wesentlich verringert. Die Ungleichheit in
Deutschland – das zeigen fast alle nationalen und internationalen Untersuchungen – ist bis Mitte des vergangenen
Jahrzehnts dramatisch gestiegen und hat sich seither stabilisiert. Angesichts einer rekordniedrigen Arbeitslosigkeit
und eines nun schon seit mehr als fünf Jahre anhaltenden
wirtschaftlichen Aufschwungs ist das aber kein Grund
zum Feiern. Denn wann, wenn nicht jetzt, ist der Zeitpunkt gekommen, um die Unwucht zu korrigieren?

An dieser Stelle ist eine Einschränkung nötig: In vielen
Fällen werden die Durchschnittslöhne herangezogen, um
die Einkommenssituation der Arbeitnehmer zu beschrei-
ben. Das kann zu falschen Schlussfolgerungen verleiten.
Denn wenn sich die Zusammensetzung der Beschäftigten

ändert, ändert sich rechnerisch auch die Höhe der durchschnittlich gezahlten Löhne – möglicherweise ohne dass
das Folgen für die finanzielle Situation der einzelnen Arbeitnehmer oder die gesamtwirtschaftliche Kaufkraft hätte. Der Grund: Angenommen, zehn Arbeitnehmer verdienen in Vollzeit je 1500 Euro im Monat. Das macht insgesamt 15 000 Euro. Die Hälfte dieser Vollzeitjobs wird nun
in 50-Prozent-Stellen umgewandelt. Damit verdienen
jetzt fünf Arbeitnehmer je 1500 Euro und zehn Arbeitnehmer je 750 Euro. Der durchschnittliche Monatslohn je
Arbeitnehmer sinkt von 1500 auf 1000 Euro. Das klingt
dramatisch, aber die gesamte Lohnsumme beträgt nach
wie vor 15 000 Euro, und auch die Löhne der Vollzeitkräfte werden nicht gekürzt. Der Rückgang des monatlichen
Durchschnittslohns zeichnet für sich genommen in diesem Fall ein falsches Bild der Lage am Arbeitsmarkt. Doch
dieses Problem kann umgangen werden, wenn statt der
Monatslöhne die Stundenlöhne betrachtet werden. Denn
eine Aufteilung einer identischen Arbeitsmenge auf mehr
Arbeitnehmer hat keine Auswirkung auf den Verdienst je
Stunde. Und hier sind die Zahlen ebenfalls eindeutig. Die
durchschnittlich effektiv – also einschließlich Zulagen –
ausbezahlten Stundenlöhne sind zwischen 2000 und 2013
preisbereinigt ebenfalls um lediglich fünf Prozent gestiegen. Das ist weniger als die Hälfte des Anstiegs des Bruttoinlandsprodukts im gleichen Zeitraum.

Es ist zudem ganz entscheidend, weshalb Teilzeitjobs
und andere sogenannte atypische Beschäftigungsverhält-
nisse wie Minijobs oder befristete Stellen heute so verbrei-
tet sind. Der Anteil der Arbeitnehmer mit Vollzeitjobs –
also sozialversicherungspflichtige und unbefristete Ar-

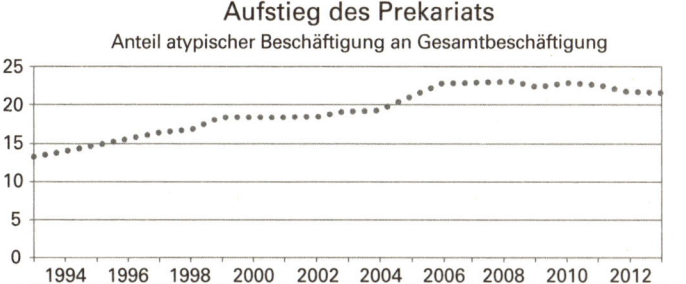

Aufstieg des Prekariats
Anteil atypischer Beschäftigung an Gesamtbeschäftigung

beitsplätze mit einer wöchentlichen Arbeitszeit von mehr als 21 Stunden – an den Erwerbstätigen insgesamt ist von 76,8 Prozent im Jahr 1993 auf 67,5 Prozent im Jahr 2013 gefallen. Das ist ein Rückgang um zehn Prozentpunkte. Dagegen hat sich der Anteil der Arbeitnehmer mit nicht regulären Beschäftigungsverhältnissen im selben Zeitraum von 13,1 auf 21,4 Prozent ausgeweitet. In absoluten Zahlen sind das 7,6 Millionen Beschäftigte. Zuletzt sind angesichts der guten Konjunktur zwar wieder mehr Vollzeitstellen geschaffen worden, doch von Verhältnissen, wie sie in den neunziger Jahren üblich waren, sind wir immer noch weit entfernt. Es könnte nun sein, dass sich Menschen ganz bewusst für eine Teilzeitstelle entscheiden: weil sie nebenher studieren oder Kinder erziehen zum Beispiel. In diesem Fall wäre die Zunahme der Teilzeitbeschäftigung ein Indiz dafür, dass die Unternehmen auf die unterschiedlichen Bedürfnisse in der Bevölkerung reagiert haben – und der Anstieg der atypischen Beschäftigung lediglich eine Konsequenz der veränderten Lebensentwürfe in der Gesellschaft ist. Doch das ist allenfalls ein Teil der Wahrheit. Denn es gibt trotz der niedrigen amtlichen Arbeitslosenrate in Deutschland immer noch Menschen, die gerne mehr arbeiten würden, aber keinen passenden Job finden.

## Ein Denkmal der Ungleichheit

432 Park Avenue in New York ist eine Adresse der Superlative. Das höchste Apartmenthaus der westlichen Welt überragt das Empire State Building, es gibt einen Pool, ein Privatkino, ein Sportstudio und einen Ballsaal, die teuerste Wohneinheit kostet knapp 100 Millionen Euro. Die neuen Eigentümer kommen aus den USA, aus Russland, Großbritannien und China. Aus jenen Ländern also, die nach den Analysen der Citigroup-Ökonomen auf dem Weg zu einer Plutonomie am weitesten vorangeschritten sind. Deshalb ist der Luxusturm von Manhattan ein Denkmal der Ungleichheit. Im Mittelalter errichteten Fürsten und Könige Schlösser, um ihre Sonderstellung zu untermauern. Dass ein solches Bauwerk nun mitten in einer Millionenstadt entsteht, sagt mehr über den Zustand der Gesellschaft als jede soziologische Untersuchung. Es zeigt, was auf dem Spiel steht. Denn so, wie die Zunahme der Massenkaufkraft im 19. Jahrhundert den westlichen Industrienationen soziale Mobilität und politische Mitbestimmungsrechte gebracht hat, besteht die Gefahr, dass die Stagnation der Einkommen die Gesellschaften erstarren lässt.

Am weitesten vorangeschritten ist diese Entwicklung in den USA. Vom Tellerwäscher zum Millionär – der amerikanische Traum war für die meisten US-Bürger schon immer bloß genau das: ein Traum. Doch auch wer es nicht bis ganz nach oben schaffte, der konnte sich früher immerhin darauf verlassen, durch harte Arbeit auch in der Mitte der Gesellschaft ein auskömmliches Leben führen zu können. Nach dem Ende des Zweiten Weltkriegs wuchs die Wirtschaft kräftig, für gute Arbeit gab es gutes Geld, und die Lebensrisiken wie Krankheit oder Arbeitslosigkeit waren weitgehend abgesichert. Das ermöglichte den meisten Amerikanern ein Leben in Wohlstand und Sicherheit, das heutigen Generationen unerreichbar erscheint. Zwar haben die amerikanischen Unternehmen in den vergangenen Jahren viele neue Arbeitsplätze geschaffen – aber oft genug handelt es sich um das, was der Soziologe Amitai Etzioni als »McJobs« bezeichnet hat: schlecht bezahlte Stellen ohne soziale Absicherung. Normalverdiener müssen heute in den USA häufig zwei oder mehr Jobs annehmen und sich bis über beide Ohren verschulden, um ihren Lebensunterhalt bestreiten und den Kindern ein Studium finanzieren zu können. Viele Familien können sich die Universität überhaupt nicht mehr leisten.

Das hat schon jetzt gravierende Folgen. Das Bildungsniveau der Amerikaner etwa verschlechtert sich zusehends. Nach einer Studie der Industrieländerorganisation OECD liegen 16- bis 24-jährige Amerikaner, was die mathematischen und technischen Fähigkeiten sowie die Lesekompetenz angeht, inzwischen im internationalen Vergleich abgeschlagen auf den hinteren Plätzen. Die 55- bis 65-Jährigen dagegen sind in den genannten Kompetenzen besser als der internationale Durchschnitt. Sogar auf die Lebenserwartung wirken sich die Hungerlöhne bereits aus. Eine weiße amerikanische Frau starb im Jahr 2008 im Schnitt fünf Jahre früher als im Jahr 1990. Eine Gesellschaft, die einmal wegen ihrer Durchlässigkeit weltweit als vorbildlich galt, spaltet sich zunehmend in eine Schicht der Superreichen und ein den Launen des Schicksals weitgehend ungeschützt ausgesetztes Prekariat.

Die USA sind das Zentrum einer globalen Geldaristokratie, in der die Superreichen in einer Art Paralleluniversum leben. Nach Schätzungen der Schweizer Privatbank UBS gibt es auf der Welt 211 275 Menschen mit einem Vermögen von mehr als 30 Millionen Dollar. Und 2325 Menschen verfügen über mehr als eine Milliarde Dollar. Sie kontrollieren damit zusammen ein Vermögen, das mindestens der gesamten jährlichen Wirtschaftsleistung Frankreichs entspricht.

Die Credit Suisse – eine andere Schweizer Großbank – schätzt, dass sich rund 48 Prozent des weltweiten Nettovermögens der Privathaushalte in Höhe von 263 000 Milliarden Dollar in den Händen von nur einem Prozent der Weltbevölkerung befinden. Eine derartige Konzentration des Reichtums färbt auch auf die Politik ab. Eine im Frühjahr 2014 veröffentlichte Studie zweier renommierter amerikanischer Professoren – Martin Gilens von der Universität Princeton und Benjamin Page von der Northwestern Universität – kommt zu dem Ergebnis, dass die ökonomischen Eliten in den Vereinigten Staaten einen »substanziellen« Einfluss auf die Regierungspolitik haben, während Normalbürger den Gang der Ereignisse nur in geringem Maß oder überhaupt nicht in die gewünschte Richtung lenken können. Man könnte auch sagen: Die USA sind auf dem Weg in eine Oligarchie.

Das räumen inzwischen sogar die Oligarchen selbst ein. Im vergangenen Sommer veröffentlichte der Internetmilliardär Nick Hanauer einen Brandbrief an seine superreichen Freunde. Hanauer hat mehr als 30 Firmen gegründet, darunter eine Werbefirma für das Netz, die im Jahr 2007 für 6,4 Milliarden Dollar an Microsoft verkauft wurde. Wenn sich die amerikanische Politik nicht dramatisch ändere, so Hanauer, dann werde die Mittelklasse verschwinden und dann würden die Erniedrigten und Beleidigten zur Gewalt greifen. Es lohnt sich, die entsprechende Passage in voller Länge zu zitieren: »Eines Tages setzt sich jemand selbst in Brand, und dann werden Tausende Menschen auf den Straßen sein, und bevor wir es richtig begreifen, wird das ganze Land brennen. Dann werden wir nicht genug Zeit haben, um zum Flughafen zu gelangen und nach Neuseeland zu fliegen.«

In Deutschland herrschen noch keine amerikanischen Verhältnisse. Es gibt einen Sozialstaat, der die schlimmsten Auswüchse der Ungleichheit korrigiert. Hinzu kommt: Die arbeitende Bevölkerung hat heute andere Vorstellungen vom Leben, als es in den achtziger oder neunziger Jahren der Fall war. Das erklärt zum Teil, warum auf dem Arbeitsmarkt alternative Beschäftigungsformen mit entsprechenden Entgeltmodellen heute verbreiteter sind als noch vor 30 oder 40 Jahren.

Doch auch hierzulande hinterlässt der Lohnschwund seine Spuren im sozialen Gefüge. So ist in Deutschland die Höhe der Rente besonders eng an die Höhe des Einkommens gekoppelt. Es wächst also eine ganze Generation von Arbeitnehmern heran, die von der gesetzlichen Rente nicht viel erwarten kann. Nach Berechnungen des Ar-

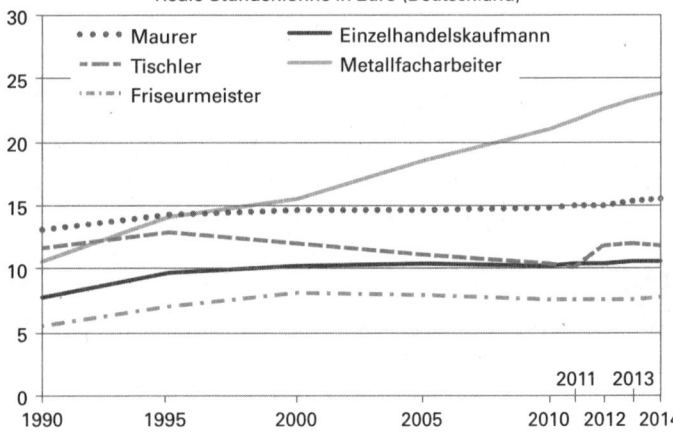

Magere Jahre
Reale Stundenlöhne in Euro (Deutschland)

beitsministeriums rutschen ab dem Jahr 2030 auch viele Normalverdiener in die Altersarmut ab. In den meisten Fällen dürfte die private Vorsorge keine große Hilfe sein, denn wer schauen muss, wie er mit seinem Lohn bis ans Monatsende kommt, der hat wenig Spielraum für Abenteuer an der Börse oder den Erwerb einer Immobilie. Es ist noch nicht so lange her, da sicherte ein Handwerksberuf die Zugehörigkeit zur Mittelschicht. Für Maurer war es selbstverständlich, nach der Arbeit an ihrem eigenen Häuschen zu bauen. Friseure schickten ihre Kinder auf die Universität. Diese Zeiten sind vorbei, weil die Löhne über Jahre hinweg stagnierten. Wenn Erzieher nebenher putzen müssen, um ihren Lebensunterhalt zu finanzieren, dann zeigt das, dass auch hierzulande etwas falsch läuft. Aber was?

# Was uns zusteht

*Konsum ist der einzige Sinn und Zweck*
*aller Produktion.*
**Adam Smith**

David Ricardo musste sich um sein Auskommen nie Gedanken machen. Ricardo war der Sohn eines berühmten jüdischen Börsenhändlers in London. Er geht früh von der Schule, um im Jahr 1786 in das Büro seines Vaters einzutreten. Sein weiteres Leben scheint vorgezeichnet, doch als sich der junge David in eine Christin verliebt, bricht die Familie mit ihm, und Ricardo ist fortan auf sich allein gestellt. Seiner Karriere tut dies jedoch keinen Abbruch – im Gegenteil: Ricardo ist so erfolgreich, dass er schon nach wenigen Jahren ein enormes Vermögen angehäuft hatte und sich seinen Interessen widmen konnte. Während eines Kuraufenthalts seiner Frau entdeckt er die Ökonomie für sich und arbeitet sich innerhalb kürzester Zeit in das neue Themengebiet ein. Heute gilt Ricardo als einer der wichtigsten ökonomischen Denker überhaupt. Er hat sich als einer der ersten Wirtschaftswissenschaftler systematisch mit der Lohnfrage auseinandergesetzt.

Die Antwort auf die Frage nach dem angemessenen Lohn hängt immer von der Perspektive ab. Ein Arbeitnehmer wird sie anders beantworten als ein Arbeitgeber. Das liegt daran, dass der Lohn in einer Volkswirtschaft unterschiedliche Funktionen hat. Aus Sicht der Arbeitnehmer ist er die Quelle von Einkommen und beeinflusst damit volkswirtschaftlich betrachtet die Konsumnachfrage. Und aus Sicht der Arbeitgeber ist er ein Kostenfaktor und hat damit Auswirkungen auf die Gewinne der Unternehmen.

Für die Klassiker – wie Ricardo und seine Zeitgenossen heute genannt werden – waren die Löhne »richtig«, wenn sie ausreichten, das nackte Überleben zu sichern. Wenn die am Markt gezahlten Löhne über dieses Niveau steigen, nimmt der Wohlstand der Arbeiter zwar zu, sie können nun mehr Kinder ernähren und mit den Worten Ricardos »eine robuste und zahlreiche Familie erziehen und unterhalten«. Dadurch werden aber mehr Arbeitnehmer um die vorhandenen Jobs konkurrieren. Das treibt die Löhne wieder nach unten, bis sie ihr natürliches Niveau erreichen. Wenn der Lohn hingegen unter das Existenzminimum fällt, können die Arbeiter weniger Kinder bekommen, die Arbeitskräfte werden knapp, und die Fabrikanten müssen höhere Löhne bezahlen. Deshalb sei der natürliche Preis der Arbeit derjenige, »welcher die Arbeiter in den Stand setzt, zu überleben und ihr Geschlecht fortzupflanzen«. In der heutigen Zeit mag dieser Gedanke abwegig erscheinen, damals war tatsächlich ein gewisser Zusammenhang zwischen Wohlstand und Bevölkerungswachstum zu beobachten. Es gab schließlich weder ein staatliches Rentensystem noch private Pensionspläne, so dass Kinder für weite Teile der Bevölkerung die wichtigste Altersvorsorge waren – und wer sich mehr Kinder leisten konnte, der setzte eben mehr Kinder in die Welt.

Karl Marx war ebenfalls der Auffassung, dass das Lohneinkommen im Kapitalismus nicht über das Existenzminimum steigen kann, auch wenn er die Begründung etwas variiert und nicht mehr das Bevölkerungswachstum heranzieht, sondern das von ihm entwickelte Wertgesetz. Für Marx ist die menschliche Arbeit generell die einzige Quelle der Wertschöpfung. Eine Ware hat nur einen Wert, »weil abstrakte menschliche Arbeit in ihr vergegenständlicht oder materialisiert ist«. Auch die Arbeit selbst ist eine Ware. Ihr Wert richtet sich gewissermaßen nach der Arbeit, die in der Arbeit steckt – und entspricht damit den »Unterhaltsmitteln, die notwendig sind, um dem Arbeiter den Lebensunterhalt zu garantieren«. Die Sache nimmt bekanntlich kein gutes Ende. Während Ricardo noch darauf setzte, dass sich das System irgendwann auf niedrigem Niveau stabilisiert, fällt es bei Marx in sich zusammen.

Wichtig ist hier, dass sich die Klassiker kaum für den Lohn als Quelle der Konsumnachfrage interessierten. Im Vordergrund standen für sie die Produktionskosten. Das hat viel mit den damaligen Umständen zu tun. Wegen der extrem niedrigen Löhne der Arbeiter spielte der Massenkonsum im 19. Jahrhundert schlicht noch nicht die volkswirtschaftliche Rolle, die ihm heutzutage zukommt. Die Wirtschaft wurde vor allem dadurch am Laufen gehalten, dass die Fabrikanten einen großen Teil des von ihnen angehäuften Reichtums ausgegeben haben, um neue Fabriken zu bauen. Da die gegenwärtig vorherrschenden ökonomischen Lehren in den Gedankengebäuden der Klassiker wurzeln, wird der Lohn auch von vielen heutigen Ökonomen vor allem als Kostenfaktor betrachtet. Am deutlichsten wird das in der, vor allem in Arbeitgeberkreisen populären, Gewinntheorie der Löhne. Sie sagt, dass höhere Gehälter den Gewinn der Unternehmer schmälern. Damit haben die Firmen weniger Geld zur Verfügung und können somit weniger investieren. Sie produzieren also weniger und benötigen damit auch weniger Arbeitskräfte. Die Arbeitslosigkeit steigt, und das Wirtschaftswachstum lässt nach. Umgekehrt kann die Lohnzurückhaltung die Wirtschaft stützen und Arbeitsplätze sichern, weil die Firmen wegen der gesunkenen Lohnkosten über die nötigen Finanzmittel verfügen, um ihre Investitionen auszuweiten. Niedrige Löhne sind damit gut und höhere Löhne schlecht für die Allgemeinheit.

Das Problem mit dieser Theorie: Sie passt nicht zur Realität. Wenn die Höhe der Investitionen tatsächlich von der Höhe der Gewinne abhinge, dann hätte es in Deutschland in den vergangenen Jahren einen wahren Investitionsboom geben müssen. Die Gewinne der Unternehmen sind schließlich rasant gestiegen. Tatsächlich aber wurde im Inland kaum investiert. Seit Mitte der achtziger Jahre ist der Anteil der Investitionen am Bruttoinlandsprodukt kontinuierlich gefallen. Die Unternehmen transferieren ihr Geld stattdessen ins Ausland oder lassen es auf ihrem Bankkonto liegen. Nach Schätzung der Beratungsgesellschaft Ernst & Young haben die 25 größten an der Börse notierten deutschen Industriefirmen im Jahr 2013 Barreserven von zusammen 77 Milliarden Euro angehäuft. Und die Cash-Vorräte des amerikanischen Technologiekonzerns Apple entsprechen etwa der jährlichen Wirtschaftsleistung Griechenlands.

Niedrige Löhne sind nur dann eine Voraussetzung für mehr Investitionen, wenn – wie im 19. Jahrhundert – alle volkswirtschaftlichen Ressourcen für den laufenden Produktionsprozess benötigt werden. Denn dann fehlt, wie wir schon gesehen haben, die Arbeitskraft für den Bau einer Produktionshalle, wenn die Arbeitnehmer ihre Zeit darauf verwenden, für den Konsum bestimmte Güter herzustellen. In der Realität ist Vollbeschäftigung aber eher die Ausnahme als die Regel – das gilt ganz sicher für das Europa der Gegenwart mit seinen zum Teil zweistelligen Arbeitslosenquoten. Es könnten also locker mehr Produktionshallen und zugleich mehr Konsumgüter produziert werden. Deshalb spricht vieles dafür, dass die Firmen im Moment nicht investieren, weil sie sich nicht sicher sein können, ob sie genug Kunden finden. Eine Investition in eine neue Produktionshalle rechnet sich nur, wenn die zusätzliche Produktionshalle ausgelastet werden kann. Deshalb kehrt sich unter solchen Bedingungen die Kausalität sogar um: Nur wenn mehr konsumiert wird, wird auch mehr investiert. Und daraus folgt, dass höhere Löhne der Wirtschaft nützen.

Auch wenn die Gewinntheorie heute aus wissenschaftlicher Sicht als überholt gilt, leben einige ihrer Kernaussagen in der sogenannten neoklassischen Theorie fort. Die Neoklassiker waren eine Gruppe von Denkern um den Österreicher Carl Menger und den Franzosen Léon Walras, die gegen Ende des 19. Jahrhunderts die Theorien der Klassiker weiterentwickelten – und damit bis heute die volkswirtschaftlichen Lehrbücher prägen. Der Lohn wird gemäß dieser Sichtweise bestimmt durch das freie Spiel von Angebot und Nachfrage am Arbeitsmarkt. Die Haushalte müssen sich dabei entscheiden, ob sie arbeiten gehen oder lieber ihre Freizeit genießen. Je höher der ihnen gebotene Lohn, desto eher sind sie bereit, auf Freizeit zu verzichten. Umgekehrt ist es bei den Unternehmen: Sie können mit jeder zusätzlichen Arbeitskraft zwar die Produktion steigern. Allerdings verursacht die Neueinstellung auch Kosten. Und je mehr die Beschäftigung ausgeweitet wird, desto mehr fressen diese Kosten den Produktionserlös auf. Das hat mit dem neoklassischen Gesetz des abnehmenden Grenzertrags zu tun. Demnach sinkt der zusätzliche Ertrag mit zunehmendem Arbeitseinsatz – so, wie sich der Ertrag eines Ackers durch den Einsatz von Düngemitteln auch nicht ins Unendliche steigern lässt.

Nach dieser Theorie steigt also das Arbeitsangebot mit dem Lohn, während die Arbeitsnachfrage mit dem Lohn sinkt. Am Ende stellt sich der Lohn ein, der den Markt räumt und Angebot und Nachfrage in Einklang bringt. Es ist ein Zustand der Vollbeschäftigung erreicht. Man kann sich das an einem einfachen Beispiel verdeutlichen: Das Arbeitsangebot eines Landes nimmt im Gleichschritt mit dem Lohn zu. Bei einem Lohn von fünf Euro arbeiten fünf Leute, bei einem Lohn zehn Euro zehn Leute und bei einem Lohn von 20 Euro 20 Leute. Bei den Unternehmen ist es umgekehrt: Sie können bei einem Lohn von fünf Euro 20 Leute beschäftigen, bei einem Lohn von zehn Euro zehn Leute und bei einem Lohn von 20 Euro fünf Leute. Der den Markt räumende Lohn liegt also bei zehn Euro. Jede Arbeitslosigkeit wäre in einem solchen Modell freiwilliger Natur, denn jeder Arbeitnehmer findet eine Stelle, wenn er den am Markt gezahlten Lohn akzeptiert.

Dieser Lohn entspricht gemäß der neoklassischen Theorie dem Produktionswert, den der Arbeiter erzeugt – genau gesagt: dem zusätzlichen Erlös, den ein Unternehmen erzielen kann, wenn es einen Arbeiter eine zusätzliche Zeiteinheit beschäftigt und die zusätzlich hergestellte

Arbeitsleistung verkauft. Aus Sicht der Neoklassik wird der Lohn damit nicht mehr wie bei Karl Marx oder David Ricardo durch das Arbeitsvolumen begrenzt. Das hat damit zu tun, dass die Neoklassiker mit dem Konzept des Arbeitswerts nicht viel anfangen können. In der neoklassischen Sichtweise hängt der Wert eines Gutes nicht länger von der bei der Erzeugung dieses Gutes nötigen Arbeit ab, sondern vom Nutzen, den dieses Gut beim Endverbraucher stiftet. Eine Ware, an der ein Arbeiter ein Jahr gearbeitet hat, ist also nichts wert, wenn sie keiner kauft. Und eine Ware, die in wenigen Minuten entstanden ist, kann ein Vermögen kosten. Somit wird die Höhe des Lohns nicht von objektiven Gegebenheiten bestimmt, sondern von der subjektiven Wertschätzung des Ergebnisses der Arbeitsleistung.

Entscheidend ist: In einem solchen Modell stellt sich der ökonomisch angemessene Lohn automatisch ein. Wenn die Gewerkschaften versuchen, künstlich höhere Löhne festzuschreiben, dann wollen die Arbeitnehmer mehr arbeiten (sie sind eher bereit, auf Freizeit zu verzichten). Die Unternehmen allerdings sind nicht in der Lage, das zusätzliche Arbeitsangebot aufzunehmen, weil sich an ihren Kosten und Absatzchancen ja nichts geändert hat. In unserem Beispiel: Wenn eine Lohnerhöhung auf 20 Euro durchgesetzt wird, wollen 20 Leute arbeiten, die Unternehmer können aber nur fünf Leute beschäftigen. Damit wären 15 Leute ohne Beschäftigung. Sie sind arbeitslos. Diese Arbeitslosigkeit verschwindet erst wieder, wenn die Löhne sinken und das System wieder ein Gleichgewicht erreicht.

## Autos kaufen keine Autos

Wir haben gesehen, dass die Klassiker – und aus anderen Gründen auch die Neoklassiker – sich für die Kaufkraft der breiten Massen nicht sonderlich interessieren. Sie glaubten an den Lehrsatz des französischen Ökonomen Jean-Baptiste Say (1767–1832), wonach bei der Produktion einer Ware immer auch Einkommen entsteht, das *automatisch* ausgegeben wird. Das Angebot schafft sich seine Nachfrage selbst. Im Jahr 1936 drehte ein britischer Ökonom diesen Zusammenhang einfach um und revolutionierte damit die Wirtschaftstheorie. Sein Name: John Maynard Keynes (1883–1946). Keynes nahm als Mitglied der britischen Delegation an den Friedensverhandlungen von Versailles nach dem Ersten Weltkrieg teil und hielt die gegen das Deutsche Reich verhängten Reparationszahlungen für einen schweren Fehler, weil er davon ausging, dass sie das Land destabilisierten. Nach dem Zweiten Weltkrieg war er der britische Chefunterhändler für eine Neuordnung des Weltwährungssystems.

Seine zentrale Einsicht besagt im Kern, dass eine Marktwirtschaft nicht zwingend zur Vollbeschäftigung tendiert. Die Klassiker und die Neoklassiker gingen davon aus, dass bei flexiblen Preisen und Löhnen keine volkswirtschaftlichen Ressourcen brachliegen. Wenn zum Beispiel die Verbraucher in einer Krise plötzlich weniger einkaufen und dafür mehr sparen, dann sinken wegen des zusätzlichen Geldangebots die Zinsen. Dadurch investieren die Unternehmen mehr, und die Konjunktur nimmt wieder Fahrt auf. Keynes zeigte, dass eine Wirtschaft auch dauerhaft in einem Zustand der Unterbeschäftigung verharren kann, denn aus seiner Sicht hängen die Investitionen der Unternehmen vor allem von den Absatzmöglichkeiten ab. Wenn die Firmen also mit einem Nachfragerückgang konfrontiert sind, werden sie trotz niedriger Zinsen ihre Investitionen möglicherweise zurückfahren – die Konjunktur nimmt nicht Fahrt auf, sondern verlangsamt sich möglicherweise sogar noch. Deshalb muss der Staat eingreifen und die Wirtschaft durch zusätzliche öffentliche Ausgaben stützen.

Keynes erklärt damit das Theorem von Say für ungültig und führt die gesamtwirtschaftliche Nachfrage als unabhängige ökonomische Kategorie ein. Ein Nachfrageausfall kann damit ebenso verheerende Folgen haben wie eine Angebotsstörung – und neben den Investitionen und den Staatsausgaben ist der private Konsum die dritte wichtige Komponente der Nachfrage. Keynes war deshalb skeptisch, dass niedrigere Löhne für sich genommen die Beschäftigung steigen lassen. Andere Ökonomen gingen sogar noch einen Schritt weiter. Sie zweifelten nicht nur am Sinn einer Lohnzurückhaltung, sondern empfahlen Lohnerhöhungen als Mittel zur Bekämpfung der Arbeitslosigkeit. Als einer der Väter dieser Denkschule gilt der Sozialwissenschaftler Emil Lederer (1882–1939), der in Heidelberg lehrte und nach der Machtergreifung der Nazis in die USA emigrierte. Demnach steigt durch eine Erhöhung der Löhne die Kaufkraft der Bevölkerung und damit auch der Konsum, was wiederum die Unternehmen dazu veranlasst, ihre Produktion auszuweiten und mehr Leute einzustellen – oder wie es Lederer formulierte: »Lohnpolitik ist die beste Produktionspolitik.«

Diese sogenannte Kaufkrafttheorie ist in den Jahren

darauf immer wieder verfeinert worden. So wird in den moderneren Varianten der Theorie argumentiert, dass die Nachfragesteigerung vor allem durch eine Änderung der Einkommensverteilung ausgelöst wird. Wenn die Löhne steigen, entfällt ein größerer Teil der Wirtschaftsleistung auf die Arbeitnehmer. Weil diese tendenziell weniger wohlhabend sind als die Kapitalbesitzer, geben sie einen größeren Teil ihres Einkommens für den Konsum aus und sparen weniger. Tatsächlich zeigen viele Untersuchungen, dass die Konsumneigung mit dem Einkommen abnimmt. Das ist auch nicht verwunderlich, denn wer gerade so über die Runden kommt, wird kaum in der Lage sein, Geld auf sein Konto einzuzahlen. Dagegen ist auch die größte Garage irgendwann einmal voll.

Niedrige Löhne können über einen weiteren Wirkungskanal das Wirtschaftswachstum beeinträchtigen: Wenn die Arbeitnehmer nicht mehr genug verdienen, um ihren Kindern den Besuch eines Gymnasiums oder einer Universität zu ermöglichen, dann geht die Qualifikation der Arbeitsbevölkerung zurück. Das wiederum schlägt sich in einer niedrigeren Produktivität nieder. Es gibt inzwischen eine Reihe von empirischen Belegen dafür, dass die Ungleichheit der Einkommen und Vermögen über solche Kanäle der Wirtschaft schadet. Das gilt auch für Deutschland. Nach Schätzung der Organisation für wirtschaftliche Zusammenarbeit und Entwicklung (OECD) wäre die Wachstumsrate des deutschen Pro-Kopf-Einkommens zwischen 1990 und 2010 um insgesamt fast sechs Prozentpunkte höher ausgefallen, wenn die Einkommensungleichheit nicht gestiegen wäre. Ungleichheit galt einmal als Wachstumsturbo, weil viele Ökonomen davon ausgingen, dass sich die Menschen mehr anstrengen, wenn sie dadurch möglicherweise ihrem Elend entrinnen und sehr schnell viel Geld verdienen können. Heute weiß man: Ungleichheit ist – ab einem gewissen Niveau – eine Wachstumsbremse.

Das bedeutet nicht, dass die Kaufkrafttheorie immer und überall gilt. Wenn die Löhne zu stark steigen, dann müssen die Unternehmen tatsächlich Leute entlassen, weil sie ansonsten die Kosten nicht mehr im Griff haben. Das wirkt sich ab einem gewissen Punkt auch negativ auf die gesamtwirtschaftliche Nachfrage in einer Volkswirtschaft aus, denn für diese ist die Lohnsumme – also das Produkt aus gezahlten Löhnen und Anzahl der Beschäftigten – relevant. Wenn die Löhne um zehn Prozent steigen, dafür aber 20 Prozent der Arbeitnehmer entlassen werden, dann ist aus konjunktureller Sicht wenig gewonnen. Doch die internationale Finanzkrise seit 2008 hat gezeigt, wie wichtig die Kaufkraft der breiten Massen für das wirtschaftliche Wohlergehen eines Landes ist. Eigentlich hätte die amerikanische Wirtschaft in den vergangenen Jahren kaum vom Fleck kommen dürfen, weil die Löhne gerade in den unteren und mittleren Einkommensschichten kaum zugenommen haben. Bis zum Ausbruch der Krise waren die Wachstumsraten in den USA recht ordentlich – und dieses Wachstum wurde noch dazu vor allem vom privaten Konsum getragen, der ja streng genommen wegen der geringen Gehaltszuwächse nicht hätte steigen dürfen.

Die Lösung des Rätsels: Die amerikanischen Verbraucher hatten sich bis über beide Ohren verschuldet, um trotz geringer Lohnsteigerungen ihren Konsum aufrechterhalten zu können. In der Praxis lief das zumeist über den Immobilienmarkt. Weil die Zinsen niedrig waren und die Banken bei der Vergabe von Immobilienkrediten kaum auf die Bonität ihrer Kunden achteten, stiegen die Hauspreise rasant. Weil sie ein vermeintlich wertvolles Haus als Sicherheit in der Hinterhand hatten, erhielten die Amerikaner von ihren Banken ohne Probleme frisches Geld. Die Verschuldung der privaten Haushalte stieg von 44 Prozent der Wirtschaftsleistung im Jahr 1970 auf 97 Prozent der Wirtschaftsleistung im Jahr 2009. Nach Schätzungen eines Teams von amerikanischen Ökonomen um James Hamilton von der Universität von Kalifornien in San Diego hat die Kreditausweitung während des Immobilienbooms das Wirtschaftswachstum in den USA jährlich um einen ganzen Prozentpunkt angehoben. Als die Blase platzte und die Immobilienpreise in den Keller fielen, waren viele US-Bürger plötzlich überschuldet – und die Banken, die das Geld verliehen hatten, gerieten in die Schieflage. Für Wissenschaftler wie den ehemaligen Chefvolkswirt des Internationalen Währungsfonds Raghuram Rajan ist die Lohnflaute einer der wesentlichen Gründe für den Ausbruch einer der größten Finanzkrisen der Neuzeit.

## Sprengsatz für Europa

Vielleicht noch mehr Schaden als in den USA hat die Lohnzurückhaltung in Europa angerichtet. Denn weil die Gehälter in den vergangenen Jahren kaum gestiegen sind, reichte auch in Deutschland die Kaufkraft nicht aus, um die von den Unternehmen produzierten Güter zu absorbieren. Anders als die Amerikaner nahmen die Deutschen aber nicht mehr Kredite auf, um sich das fehlende Geld zu beschaffen. Die im Inland nicht absetzbaren Waren wurden vielmehr im Ausland abgesetzt. Das ist ökonomisch nichts anderes als ein Konsum auf Pump – nur dass die Schulden nicht im Inland, sondern im Ausland aufgenommen werden. Um den dahinterliegenden Mechanismus zu verstehen, muss man sich kurz mit der Außenhandelsbilanz befassen. Wenn zwei Länder miteinander Handel treiben, dann hat das Auswirkung auf die Finanzbeziehungen zwischen diesen Ländern. Sie bleiben unverändert, wenn jedem Export ein diesem Export im Wert entsprechender Import entgegensteht – wenn also Deutschland einen Kleinwagen nach Griechenland ausführt und eine mit diesem Wert korrespondierende Menge Wein aus Griechenland einführt. Die Handelsbilanz ist ausgeglichen.

Wenn aber Deutschland nun den Kleinwagen exportiert und im Gegenzug keinen Wein importiert, verzichtet es auf Konsum und finanziert stattdessen den Konsum der Griechen. Es entsteht ein Überschuss in der Handelsbilanz. Da es sich bei dem Kleinwagen definitionsgemäß nicht um ein Geschenk handelt, muss die offene Rechnung irgendwann beglichen werden: Die Griechen müssen also den Wein – oder ein gleichwertiges Gut – zu einem späteren Zeitpunkt an die Deutschen liefern. Es entsteht eine Schuldbeziehung, die sich bis zu ihrem Ausgleich finanztechnisch in einer Forderung auf deutscher Seite und einer Verbindlichkeit auf griechischer Seite niederschlägt.

Genau das ist in der Praxis passiert: Deutsche Unternehmen haben jahrelang Maschinen und Autos nach Griechenland geliefert, und dafür haben deutsche Banken griechische Staatsanleihen und Wertpapiere erhalten. Dass es so weit kommen konnte, liegt einerseits an den Griechen, die über ihre Verhältnisse gelebt und zu viel Geld ausgegeben haben. Es liegt aber auch an den Deutschen, die unter ihren Verhältnissen gelebt und – gemessen an der Produktion deutscher Unternehmen – zu wenig Geld ausgegeben haben. Weil wegen der niedrigen Löhne die Kaufkraft im eigenen Land nicht ausreichte, um die im Inland hergestellten Produkte abzusetzen, musste ein immer größerer Teil der Produktion ins Ausland verkauft werden.

Nach Berechnungen des Münchner Ifo-Instituts kommt Deutschland weltweit auf den mit Abstand höchsten Überschuss im Außenhandel. Die Leistungsbilanz – also der Saldo aller Transaktionen mit dem Rest der Welt – wies demnach 2014 ein Plus von 285 Milliarden Dollar auf. Erst auf Platz zwei kommt die weltgrößte Handelsnation China mit 150 Milliarden Dollar, gefolgt vom Ölexporteur Saudi-Arabien mit 100 Milliarden Dollar. Die Beschäftigung in Deutschland ist also auch deshalb so rasant gestiegen, weil sich die Deutschen Güternachfrage in der Höhe von 285 Milliarden Dollar beim Rest der Welt ausgeliehen haben – und um genau diesen Betrag musste sich der Rest der Welt bei deutschen Unternehmen und Banken verschulden.

Nun könnte man argumentieren, dass niemand die Griechen oder die Portugiesen dazu gezwungen hat, auf Pump zu leben. Doch wenn diese Schulden nicht aufgenommen worden wären, hätten unsere Handelspartner

**Wir verschenken unser Geld**
Leistungsbilanzsaldo in Prozent der Wirtschaftsleistung

logischerweise weniger Waren aus Deutschland eingeführt. Dann hätten unter ansonsten unveränderten Bedingungen die Unternehmen in Deutschland weniger produziert und damit auch weniger Arbeitskräfte benötigt. Die
Arbeitslosigkeit wäre gestiegen. Das Ausland hat also Beschäftigung in Deutschland gesichert. Doch auf Dauer
kann es nicht gutgehen, wenn ein Land nur noch produziert und nicht mehr konsumiert. Denn irgendwann sind
die Schulden der anderen so hoch, dass sie nicht mehr zu-
rückbezahlt werden können. Dann wird aus dem Gegen-
geschäft eine Einbahnstraße: Die Waren wurden geliefert,
aber die Anleihen sind nichts mehr wert. Im Fall Griechenlands ist genau das passiert.

Die Lohnzurückhaltung wird heute oft als entscheidende Voraussetzung für den wirtschaftlichen Wiederaufstieg
Deutschlands in den vergangenen Jahren bezeichnet.
Doch die Wahrheit ist komplizierter. Während des Booms
der Wiedervereinigung sind die Löhne in vielen Branchen
tatsächlich kräftig gestiegen. Und weil Deutschland danach den Euro einführte, konnte eine Korrektur nicht

mehr durch eine Abwertung der D-Mark erfolgen. Deshalb mussten die Unternehmen ihre Kosten in den Griff bekommen. Diese Anpassung begann allerdings schon Mitte der neunziger Jahre. Als Gerhard Schröder im Frühjahr 2003 die Arbeitsmarktreformen der Agenda 2010 verkündete, hatte Deutschland seine Wettbewerbsfähigkeit bereits weitgehend wiederhergestellt. Die Unternehmen gewannen international Marktanteile, die Deutschen überholten bei den Ausfuhren sogar die USA und stiegen zum Exportweltmeister auf. Spätestens zu diesem Zeitpunkt hätten die Löhne in Deutschland wieder stärker steigen können, doch die Eliten in Politik und Wirtschaft setzten weiter darauf, den Gürtel enger zu schnallen – und die Arbeitsmarktreformen der Agenda 2010 leisteten dem Lohndumping Vorschub, weil Schröder die Arbeitslosenunterstützung zusammenstrich und immer mehr Deutsche aus Angst vor Hartz IV auch niedrig bezahlte Jobs angenommen haben.

Über niedrige Löhne lässt sich der Export ankurbeln. Aber der Export ist kein Selbstzweck. Ein Land verkauft Waren an das Ausland, um selbst irgendwann einmal Waren von dort zu beziehen. Die Löhne haben die Aufgabe, Ausfuhren und Einfuhren eines Landes in ein angemessenes Verhältnis zueinander zu bringen. Ein Exportüberschuss von fast 300 Milliarden Dollar im Jahr, wie ihn Deutschland aufweist, kann nicht mehr als angemessen bezeichnet werden. Wenn die Arbeitskosten in Deutschland stärker gestiegen wären, dann hätten die deutschen Unternehmen möglicherweise weniger Waren an den Rest der Welt verkauft. Dafür wäre aber wahrscheinlich die Nachfrage im eigenen Land höher ausgefallen. Das wäre für alle besser gewesen. Denn wie sich gleich zeigen wird, spielt das vor allem innerhalb einer Währungsunion eine Rolle, weil dort der Wechselkurs nicht zur Verfügung steht, der sonst an der Stelle der Löhne die Handelsströme zum Ausgleich bringt.

## Die goldene Mitte

Wir haben gesehen, dass zu niedrige Löhne genauso problematisch sind wie zu hohe. Ein angemessener Lohn sorgt für eine ausreichende Nachfrage und hält zugleich den Kostenanstieg in Grenzen. Aber wo liegt ein solcher Lohn? Bei zehn Euro? Bei 30 Euro? Bei 100 Euro? Abstrakt lässt sich diese Frage nicht beantworten, weil der richtige Lohn immer etwas mit der Leistungsfähigkeit des Arbeitnehmers zu tun hat. Aber auch diese Leistungsfähigkeit lässt sich nur schwer objektiv messen. Dass ein Chefarzt mehr verdienen sollte als ein Hilfsarbeiter am Bau ist wahrscheinlich noch unumstritten. Im Fall des Chefarztes geht es schließlich um Leben und Tod. Schwieriger wird die Sache schon, wenn man das Gehalt eines Investmentbankers mit dem Entgelt einer Krankenschwester vergleicht. Ist es wirklich gerecht, wenn der Banker das Zehnfache oder sogar das Hundertfache der Krankenschwester verdient, die möglicherweise genauso fleißig arbeitet? Wahrscheinlich ist es das nicht. In diesem Kapitel aber geht es nicht um die Frage, ob der Lohn in einzelnen Branchen hoch genug, sondern ob die Summe aller Löhne angemessen ist.

In der Praxis hat sich in diesem Zusammenhang eine sogenannte produktivitätsorientierte Lohnpolitik bewährt:
Demnach sollen die Löhne im Einklang mit der Entwicklung der Produktivität steigen. Die Produktivität ist ein
Maß für die wirtschaftliche Effizienz im Produktionsprozess. In der Regel nimmt die Produktivität in einer Volkswirtschaft ständig zu: Es kommen bessere Maschinen auf
den Markt, die Abläufe werden optimiert. Deshalb kann
dieselbe Zahl von Arbeitskräften im Laufe der Zeit immer
mehr Waren herstellen. Die Zunahme der Produktivität
ist die wichtigste Quelle des Wohlstands. Sie ermöglicht es
uns, mehr zu konsumieren, ohne mehr zu arbeiten.

Das gilt aber nur, wenn die Löhne mit der Produktivität
steigen. Denn nur dann wird gerade genug Kaufkraft geschaffen, um die zusätzlich hergestellten Waren absetzen
zu können. Man kann sich das wieder an einem Beispiel
verdeutlichen: Angenommen, eine Volkswirtschaft besteht aus einem Unternehmen mit einem Arbeitnehmer,
der jeden Tag ein Brot backt. Dafür bekommt er fünf
Euro, und das ist genau der Preis des Brotes im Supermarkt. Der Arbeitnehmer isst also am Abend das Brot
auf, das der tagsüber produziert. In unserer Volkswirtschaft herrscht Vollbeschäftigung. Nun hat der Arbeitnehmer herausgefunden, dass sich durch einen Kniff beim
Backen auch zwei Brote am Tag herstellen lassen. Wenn
der Lohn nicht erhöht wird und das zweite Brot ebenfalls
fünf Euro kosten soll, steht einem Warenangebot von
zehn Euro allerdings nur eine Kaufkraft von fünf Euro
entgegen. Es fehlt die Nachfrage im Inland, um das zusätzliche Brot abzusetzen. Entweder das Brot wird exportiert, oder der Arbeitnehmer hat nur noch Arbeit für ei-

nen halben Tag. Wenn der Lohn hingegen im Einklang mit der Produktivität erhöht – in diesem Fall also verdoppelt – wird, dann kann der Arbeitnehmer das zusätzliche Brot kaufen. Allgemein gesprochen: Wenn die Produktivität um zwei Prozent steigt und die Löhne ebenfalls um denselben Betrag erhöht werden, dann steigen unter sonst unveränderten Bedingungen – insbesondere keiner Erhöhung der Sparquote – auch die Güternachfrage und die Produktion der Unternehmer sowie deren Gewinne um zwei Prozent. Alle werden reicher.

Die Produktivitätsregel sorgt also dafür, dass die zusätzlichen volkswirtschaftlichen Produktionsmöglichkeiten ausgeschöpft werden können, weil die entsprechende Nachfrage geschaffen wird. Die Lohnquote und die Kapitalquote – also der Anteil der Lohneinkommen und der Kapitaleinkommen an der gesamten wirtschaftlichen Entwicklung – bleiben konstant. Die Wirtschaft wird stabilisiert. Das ist nicht nur graue Theorie. Die produktivitätorientierte Lohnpolitik war das zentrale Element des goldenen Zeitalters der fünfziger und sechziger Jahre. In dieser Zeit wuchs die Wirtschaft in fast allen Industrienationen rasant, der Wohlstand nahm quer durch alle Einkommensschichten zu. Steigende Masseneinkommen ermöglichten eine hohe Konsumnachfrage, die die Konjunktur antrieb.

Das obige Beispiel macht aber noch eine weitere Funktion der Löhne in einer Volkswirtschaft deutlich. Denn es könnte ja auch sein, dass durch das zusätzliche Brot der Brotpreis sinkt. Schließlich ist der Preis einer Ware abhängig von Angebot und Nachfrage. Und in diesem Fall hat sich das Angebot erhöht, während die Nachfrage unverändert geblieben ist. Nun sind sinkende Preise zwar aus Sicht eines einzelnen Konsumenten eine gute Sache. Doch volkswirtschaftlich betrachtet sind sie hochgefährlich. Wie der amerikanische Ökonom Irving Fisher (1867–1947) in den frühen dreißiger Jahren entdeckte, kann eine Deflation eine Volkswirtschaft in einen Teufelskreis aus fallenden Preisen und niedrigerem Wachstum zwingen. Das liegt daran, dass der reale Gegenwert der Schulden automatisch zunimmt, wenn das Preisniveau sinkt. Es wird also immer schwerer, aufgenommene Kredite zurückzubezahlen, und so sind Unternehmen und Privathaushalte von der Insolvenz bedroht. Um die Pleite zu verhindern, kürzen sie ihre Ausgaben, wodurch sich die Krise noch verschärft. Deshalb gibt es praktisch keine große Zentralbank, die eine Inflationsrate von null Prozent anstrebt. In den meisten Staaten arbeiten die Notenbanken darauf hin, dass die Preise pro Jahr um etwa zwei Prozent steigen. Die Europäische Zentralbank (EZB) spricht von Preisstabilität, wenn die Teuerungsrate bei knapp unter zwei Prozent liegt.

Die Notenbank kann zwar die Geldversorgung der Wirtschaft beeinflussen, sie kann aber die Preise nicht direkt kontrollieren. Denn deren Niveau hängt in erster Linie nicht von der Menge des umlaufenden Geldes, sondern von der Entwicklung der Löhne und Gehälter ab. Das liegt daran, dass die Personalkosten in den meisten Betrieben der wichtigste Kostenblock sind. Wenn also die Gewerkschaften höhere Löhne durchsetzen, dann müssen die Unternehmen die Preise erhöhen. Wenn sich die Arbeitnehmer mit weniger Geld zufriedengeben, können die Betriebe ihre Waren billiger anbieten. Die Löhne sind also eine Art Anker für die Preise. Sie müssen über den Produktivitätsfortschritt hinaus mit jener Rate steigen, die die Zentralbank als Steigerungsrate für die Inflation ansteuert. Aus diesem Grund wird die Produktivitätsregel üblicherweise um eine Inflationskomponente erweitert. Die Faustformel für eine angemessene Lohnerhöhung lautet deshalb: Produktivitätsfortschritt zuzüglich Zielinflationsrate der Europäischen Zentralbank.

In unserem Beispiel haben wir angenommen, dass die Produktivität um zwei Prozent steigt. Wenn die Löhne um ebenfalls zwei Prozent zunehmen, dann bleiben die Produktionskosten je Gütereinheit für die Unternehmen unverändert: Sie bezahlen zwar mehr Lohn, aber die Arbeitnehmer produzieren auch mehr Güter. Die Preise müssten nicht erhöht werden. Die Inflationsrate läge also bei null Prozent. Wenn die Preise um zwei Prozent steigen sollen, dann müssen also die Löhne noch einmal zusätzlich um zwei Prozentpunkte angehoben werden. In diesem Fall läge das ideale Lohnwachstum also bei vier Prozent: zwei Prozent für den Produktionszuwachs und zwei Prozent für die Inflationsrate. Wenn sich die tatsächliche Lohnentwicklung an dieser Faustformel orientiert, dann ist gewährleistet, dass die Arbeitnehmer am wirtschaftlichen Fortschritt beteiligt werden und die Preise mittelfristig mit der Rate steigen, die die Notenbank für adäquat hält.

Das Problem ist: In der Realität war es selten so. In den USA ist die Produktivität außerhalb der Landwirtschaft nach einer Studie der Internationalen Arbeitsorganisation ILO zwischen 1980 und 2013 um 85 Prozent gestiegen, während die Löhne nur um 35 Prozent zunahmen. Auch in Deutschland wäre für die Arbeitnehmer mehr drin gewesen. Wie stark die Produktivität genau gewachsen ist, ist zwar umstritten, doch selbst die konservative Bundesbank taxiert die Summe aus Produktivitätszuwachs und Inflation auf etwa drei Prozent pro Jahr. In den vergangenen 20 Jahren lag der Anstieg der nominalen Stundenlöhne in sechs Fällen auf oder über diesem Richtwert – und in 14 Fällen darunter. Dabei fielen selbst die Lohnabschlüsse im verarbeitenden Gewerbe gering aus, wo vergleichsweise ordentliche Gehälter bezahlt werden. Eine Untersuchung des Deutschen Instituts für Wirtschaftsforschung kommt zu dem Ergebnis, dass »in nahezu allen Industriezweigen der Verteilungsspielraum nicht ausgenutzt« worden sei. Im Maschinenbau etwa seien die Löhne zwischen 2003 und 2011 im Schnitt um 2,35 Prozent pro Jahr gestiegen. Die Wertschöpfung je Arbeitnehmer habe aber um 4,15 Prozent jährlich zugenommen. Das ergibt rechnerisch eine Unterausschöpfung in Höhe von 1,8 Prozentpunkten in jedem Jahr.

Zwar konnten die Gewerkschaften zuletzt höhere Tarifabschlüsse durchsetzen, doch bei genauerer Betrachtung erfüllten auch die jüngsten Lohnvereinbarungen die Anforderungen der Produktivitätsregel nur bedingt. So nahmen die Reallöhne im Jahr 2014 um 1,6 Prozent zu und damit so kräftig wie seit 2008 nicht mehr. Die Arbeitnehmer hatten also mehr Geld in der Tasche, und ihre Kaufkraft stieg. Doch das lag vor allem an der niedrigen Inflationsrate. Nach Schätzungen des Rheinisch-Westfälischen Instituts für Wirtschaftsforschung in Essen stiegen die nominalen Tariflöhne im Jahr 2015 dagegen unter dem Strich um lediglich 2,7 Prozent – und das trotz sinkender

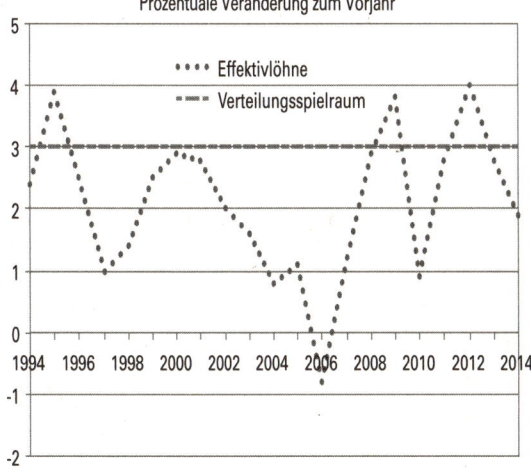

Da geht noch was

Prozentuale Veränderung zum Vorjahr

Arbeitslosigkeit und eines vergleichsweise hohen Wirtschaftswachstums. In der Öffentlichkeit kursieren zwar teilweise sehr viel höhere Werte aus einzelnen Branchen. Doch diese sind häufig irreführend, weil sich die Angaben auf einen längeren Zeitraum beziehen. Werden sie auf ein Jahr umgerechnet, bleiben deutlich geringere Lohnzuwächse übrig. Wenn die Löhne in zwei Jahren um vier Prozent steigen, dann steigen sie auf Jahressicht eben nur um zwei Prozent.

So reichen die Zuwachsraten nicht aus, um die wirtschaftlichen Ungleichgewichte in Europa zu beseitigen und die Teuerungsrate wie von der Zentralbank angepeilt bei knapp zwei Prozent zu verankern.Wer das für unproblematisch hält, der muss sich nur einmal die Frage stellen, was in Deutschland los wäre, wenn die Inflationsrate nicht – wie es zwischenzeitlich der Fall war – zwei Prozentpunkte unter dem Zielwert der Notenbank läge, sondern zwei Prozentpunkte darüber. Wenn also die Preise um etwa vier Prozent pro Jahr stiegen. Die Inflationsrate wäre ein polit-mediales Topthema, es gäbe wahrscheinlich jeden Tag in irgendeiner Zeitung irgendeinen Kommentar, der vor einer Rückkehr der Hyperinflation warnen würde. Wenn aber die Inflation zu niedrig ist, regt sich niemand auf. Dieses einseitige Verständnis des Konzepts der Preisstabilität – eine zu hohe Inflation ist gefährlich, eine zu niedrige aber nicht – erschwert die Lösung der Euro-Krise. Denn wenn die Löhne und damit die Preise in Deutschland etwas schneller steigen würden, dann müssten die Unternehmen in den Südländern weniger stark kürzen, um ihre Wettbewerbsfähigkeit wiederzuerlangen. Auch um eine solche in einer Währungsunion ständig ablaufende Anpassungsreaktion zu erleichtern, strebt die EZB eine Inflation von zwei Prozent an.

Die Forderung nach einer adäquaten Lohnsteigerung in Deutschland zielt auch nicht darauf ab, die Wettbewerbsfähigkeit der deutschen Unternehmen künstlich zu schwächen. Diese Argumentationsweise zeugt von einem mangelnden Verständnis der ökonomischen Besonderheiten einer Währungsunion. Denn wenn ein Land mit einer eigenen Währung systematisch die Löhne und damit die Preise zu stark steigen ließe, dann würde diese Währung irgendwann abwerten, weil sie auf den Devisenmärkten immer weniger gefragt würde. Damit würde die Fehlentwicklung korrigiert: Die Lohnerhöhungen würden gleichsam automatisch rückgängig gemacht, weil sich die Arbeitnehmer durch die Währungsabwertung für ihr Geld weniger Waren aus dem Ausland kaufen könnten und die Unternehmen ihre Produkte billiger anbieten müssten.

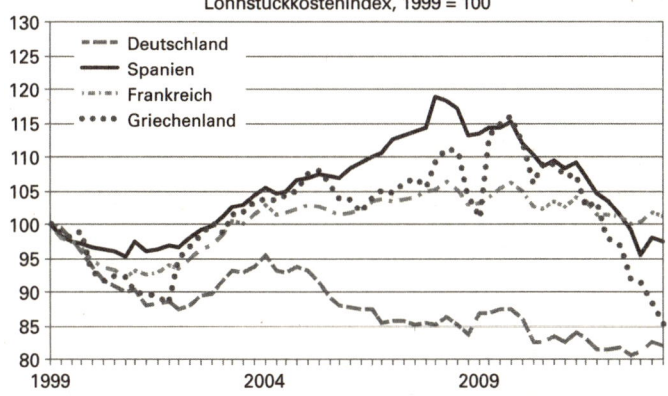

**Aus dem Gleichgewicht**
Lohnstückkostenindex, 1999 = 100

Legende:
- - - Deutschland
—— Spanien
·–·–· Frankreich
•••• Griechenland

Wenn dieses Land systematisch Löhne und Preise praktisch nicht mehr steigen ließe, dann würde die Währung dieses Landes aufwerten. Die Unternehmen würden also trotz der Lohnzurückhaltung an Wettbewerbsfähigkeit verlieren, und die Verbraucher könnten sich mehr für ihr Geld leisten.

In einer Währungsunion gibt es diesen Ausgleichsmechanismus nicht mehr. Das Land mit den stark steigenden Löhnen kann sich für einige Zeit an seinem vermeintlichen Reichtum erfreuen, bis die Blase platzt und es von seinen Schulden erdrückt wird. Das Land mit den stagnierenden Löhnen fährt Exportüberschüsse ein, bis irgendwann klar ist, dass die Handelspartner bankrott sind. Genau das ist in Europa geschehen. Die Löhne und Preise in Südeuropa sind zu schnell gestiegen und die Löhne und Preise in Deutschland zu langsam. Am Ende musste der Norden mit vielen Milliarden für den Süden bürgen, während der Süden Sparprogramme umsetzen musste, die die

Wirtschaft verwüsteten und Millionen Menschen ihren Job kosteten. Da hilft es wenig, dass die Inflation in der Euro-Zone insgesamt in diesen Jahren im Durchschnitt genau da lag, wo die EZB sie haben wollte. Denn was sagt das schon? Wenn ein Fuß in einem Eimer mit Eis steht und der andere in einer Wanne mit kochendem Wasser, dann ist die Durchschnittstemperatur vielleicht angenehm. Die tatsächlichen Temperaturen sind es nicht. Deshalb ist es so wichtig, dass sich alle an die Regeln halten – und eine der wichtigsten Regeln in der Euro-Zone ist nun einmal das Inflationsziel der EZB.

In Deutschland ist oft das Argument zu hören, der Wohlstand müsse erst einmal erwirtschaftet werden, bevor er verteilt werden könne. Das ist korrekt – aber korrekt ist auch: Wenn nichts verteilt wird, dann wird auch nichts erwirtschaftet. Deshalb ist der Lohn eine der wichtigsten Steuerungsgrößen einer Volkswirtschaft. Er erzeugt Kaufkraft, er beeinflusst das Preisniveau, und er bestimmt das Verhältnis von Exporten und Importen. Wenn der Lohn richtig festgesetzt wird, dann kommen Wohlstandsgewinne einer breiten Masse zugute, dann bleiben die Preise stabil, und dann ist der Außenhandel im Gleichgewicht. Das war aber in den vergangenen Jahren viel zu selten der Fall. Weshalb eigentlich?

# Warum wir nicht verdienen, was wir verdienen

*In the year 5555*
*Your arms hangin' limp at your sides,*
*Your legs got nothin' to do,*
*Some machines doin' that for you.*
**Zager and Evans**

Eine gute Autostunde nördlich von New York ragt ein gläsernes Bürogebäude in Form eines riesigen Eises aus der dicht bewaldeten Hügellandschaft. In einem fensterlosen Raum des Komplexes residiert Watson. Watson ist ein Supercomputer, genauer gesagt: der mächtigste Supercomputer auf dem Planeten – und er könnte die Arbeitswelt revolutionieren. Im Jahr 1997 gelang es einem Großrechner erstmals, einen Menschen zu besiegen. Es handelte sich um Deep Blue, erschaffen vom amerikanischen Computerkonzern IBM. Deep Blue konnte 200 Millionen mögliche Schachzüge pro Sekunde berechnen und schaffte es damit, den damaligen Weltmeister Garri Kasparow zu besiegen. Watson – ebenfalls von IBM betrieben – verfügt über deutlich mehr Rechenkapazität. Er kann auf einen riesigen Vorrat an Informationen zugreifen und deren Zusammenhänge analysieren. Vor allem aber: Er antwortet auf Fragen, die ihm gestellt werden, und lernt bei jeder Antwort hinzu.

Seinen bisher größten Erfolg feierte Watson, als er gegen zwei menschliche Kandidaten in der amerikanischen Quizshow »Jeopardy!« antrat. Bei »Jeopardy!« werden den Mitspielern Antworten aus verschiedenen Wissenskategorien präsentiert. Die Aufgabe der Kandidaten ist es, so schnell wie möglich eine Frage zu formulieren, die auf die Antwort passt. Die passende Frage zur Antwort »Er entwickelte die Relativitätstheorie« wäre also zum Beispiel: »Wer war Albert Einstein?« In der Sendung sind die Antworten zumeist komplexer und vor allem vieldeutiger formuliert. Um die richtige Frage zu stellen, müssen Informationen aus verschiedenen Wissensgebieten kombiniert und unterschiedliche Varianten gegeneinander abgewogen werden. Beim Schach kommt es vor allem auf die Rechenleistung an; die Stärke des Computers ist, dass er Züge vorausberechnen kann. Bei »Jeopardy!« hingegen muss um die Ecke gedacht werden. Das lässt sich nur schwer automatisieren, weshalb der Mensch mit seiner intuitiven Herangehensweise dem Computer überlegen war.

Bis Watson kam.

Er wurde jahrelang mit Wörterbüchern, Lexika und anderen Nachschlagewerken gefüttert. Im Februar 2011 besiegte Watson in drei Sendungen die »Jeopardy!«-Profis Ken Jennings und Brad Rutter und holte das Preisgeld in Höhe von einer Million Dollar. Watson wird derzeit unter anderem in der Krebsbehandlung eingesetzt. Es gibt unzählige verschiedene Tumore, und weltweit werden in jedem Jahr Hunderte Studien zur Wirksamkeit verschiedener Behandlungsmethoden veröffentlicht. Ärzte sind in der Regel nicht in der Lage, dieses Material zu sichten. Watson kann Datenbanken mit Studien, Artikeln aus Fachzeitschriften und Patientenakten durchforsten, um dann eine Diagnose vorzuschlagen. Auch Investmentbanken und Anwaltsfirmen können Watson buchen, um komplizierte Finanzkonstruktionen zu analysieren oder knifflige Fälle zu lösen.

## Die Roboter kommen

**W**atson ist der vorläufige Höhepunkt einer Entwicklung, die im 18. Jahrhundert mit der Verbreitung der Dampfmaschine und des mechanischen Webstuhls begann und die seither in periodischen Abständen die Arbeitswelt revolutioniert. Ob durch die Verbreitung der massentauglichen Schreibmaschine im frühen 20. Jahrhundert oder den ersten Einsatz eines Industrieroboters in der Automobilproduktion in den sechziger Jahren – immer wieder hatte der technologische Wandel weitreichende Auswirkungen auf die Abläufe in den Fabriken und Büros der Industrienationen. Gegenüber den Veränderungen, die Watson herbeiführen wird, war das alles allerdings nur Geplänkel. Das zumindest ist die Prognose der amerikanischen Wirtschaftsprofessoren Erik Brynjolfsson und Andrew McAfee. Brynjolfsson und McAfee lehren am renommierten Massachusetts Institute of Technology. Das zentrale Argument der beiden Wissenschaftler: Die Maschinen werden die Menschen ersetzen und immer mehr Arbeitsplätze vernichten.

Es ist kein neues Argument. Anfang des 19. Jahrhunderts rebellierten in England Baumwollweber, Strumpfwirker, Tuchschneider und andere Textilwerker, die ihren Lebensunterhalt durch die Mechanisierung der Produktion dauerhaft in Gefahr sahen. Die Ludditen – so benannt nach ihrem fiktiven Anführer Ned Ludd – zerstörten in Nottinghamshire und Lancashire in Nordengland Webstühle und andere Maschinen. Die Maschinenstürmer waren in der Regel keine einfachen Arbeiter, sondern vergleichsweise qualifizierte Handwerker. Sie waren die ersten Opfer des technologischen Wandels, denn im Kern wurden durch die Automatisierung der Produktion die komplexen und jahrelange Erfahrung erfordernden Fertigungsprozesse eines Handwerksbetriebs in einfache Handgriffe zerlegt, die von ungelernten Arbeitern ausgeführt werden konnten. Die Maschinenstürmerei wurde ziemlich bald mit der Todesstrafe belegt, die Bewegung militärisch niedergeschlagen und zahlreiche Ludditen gehängt oder nach Australien transportiert. Einen prominenten Fürsprecher hatten die Maschinenstürmer in dem Dichter Lord Byron, der sie 1812 in einer Rede im britischen Oberhaus verteidigte und sich darüber beklagte, dass »die Bereicherung einiger weniger Individuen« über das Wohlergehen der »arbeitenden Armen« gestellt werde. Im Jahr 1930 warnte John Maynard Keynes, dass »Entdeckungen, die es erlauben, Arbeitnehmer einzusparen, schneller voranschreiten, als es uns gelingt, neue Einsatzfelder für Arbeitnehmer zu finden«.

Solche Theorien galten lange Zeit als überholt. Die mechanischen Webstühle zerstörten zwar tatsächlich zunächst Arbeitsplätze, dafür aber entstanden jede Menge neuer Arbeitsplätze: Aus Webern und Spinnern wurden Sachbearbeiter und Maschinenschlosser. Im Jahr 1810 arbeiteten 90 Prozent der amerikanischen Bevölkerung in der Landwirtschaft, im Jahr 1910 waren es noch 30 Prozent, heute sind es weniger als zwei Prozent. Das bedeutet, dass praktisch alle zu Beginn des 19. Jahrhunderts existierenden Jobs in den Vereinigten Staaten vernichtet wurden. Trotzdem haben die meisten Amerikaner auch heute noch Arbeit, weil genug neue Stellen geschaffen worden sind. Die Industrialisierung hat den Menschen nicht überflüssig gemacht, sie hat sogar genug Stellen geschaffen, um die stark wachsende Bevölkerung in Europa und Nordamerika beschäftigen zu können. Erik Brynjolfsson und Andrew McAfee argumentieren, dass die Befürchtungen der Ludditen mit einer Verspätung von rund 200 Jahren doch noch wahr werden, weil die Maschinen inzwischen so gut sind, dass sie den Menschen weitgehend ersetzen – und das hätte erhebliche Konsequenzen für den Wohlstand der breiten Massen. Sie verweisen etwa auf Instagram, eine Foto-App. Mit einer Handvoll Angestellten werde eine Dienstleistung erbracht, für die Konzerne wie Kodak zu Hochzeiten mehr als 100 000 Menschen beschäftigten.

Man kann die ökonomische Logik dieses Wandels exemplarisch am Beispiel des Fahrerberufs illustrieren. Vor der Erfindung des Automobils wurden Fahrgäste und Güter mit Pferdekutschen befördert. So entstanden jede Menge Arbeitsplätze: für Kutscher, für die Hersteller von Kutschen, in der Aufzucht der Pferde. Als die ersten Autos vom Band liefen, fielen diese Jobs weg. Dafür wurden Arbeitskräfte in der Automobilproduktion benötigt. Und während die Kutscher arbeitslos wurden, waren Fahrer für Taxis, Limousinen und Lastkraftwagen plötzlich gefragt. Der technologische Fortschritt hat an einer Stelle Arbeitsplätze vernichtet und an einer anderen Stelle neue, oft besser bezahlte Jobs geschaffen. Das ist keine Selbstverständlichkeit. Die Fahrer waren schließlich produktiver als die Kutscher: Sie waren also in der Lage, mehr Fahrgäste oder Güter zu befördern, und gelangten in der Regel schneller an ihr Ziel. Ein Fahrer konnte die Arbeit von vielleicht drei oder vier Kutschern erledigen. Eigentlich müsste die Arbeitslosigkeit unter dem Strich steigen, weil insgesamt weniger Arbeitskräfte benötigt werden. Das ist nicht geschehen, weil die Menge der zu erledigenden Arbeit nicht gleich geblieben ist, sondern zugenommen hat. Und das wiederum hat mit der Entwicklung der Löhne zu tun. Wie wir gesehen haben, sind die Löhne seit Mitte der 19. Jahrhunderts im Einklang mit der Produktivität gestiegen. Dadurch ist zusätzliche Kaufkraft geschaffen worden. Das zusätzliche Einkommen konnte für Waren und Dienstleistungen ausgegeben werden – und weil diese Waren und Dienstleistungen erzeugt werden mussten, mussten die Unternehmen zusätzliche Leute einstellen.

Die meisten Ökonomen sehen den technologischen Wandel deshalb vergleichsweise gelassen. Sie haben seine Dynamik allerdings erheblich unterschätzt. Das liegt auch daran, dass bisherige Versuche, den Menschen zu ersetzen, schnell an ihre Grenzen gestoßen sind. Beispiel Volkswagen: Im Sommer 1983 nahm der größte deutsche Automobilkonzern in Wolfsburg die sogenannte Halle 54 in Betrieb – eine Produktionshalle, die im Rahmen des damals Möglichen auf maximale Automatisierung ausgelegt war. Großrechner steuerten rund 50 Industrieroboter. »Die Roboter«, so beschreibt es die Hamburger Zeithistorikerin Martina Heßler, »zogen Schrauben fest, legten Keilrie-

men auf, schoben Kraftstoffleitungen in den Karosserie-
tunnel und befestigten sie am Unterboden; sie bogen die
Bremsleitungen zurecht und montierten sie, ebenso die
Benzinleitung. Sie schraubten den Auspuff an, die Batte-
rie, den Tank, montierten den Motor und das Getriebe,
legten das Reserverad ein und klappten schließlich die
Hecktür zu.« Der Traum – oder Alptraum – einer men-
schenleeren Fabrik schien Realität geworden zu sein.
Doch das Konzept ging nicht auf. Es kam zu Unruhen in
der Belegschaft, vor allem aber stand die gesamte Anlage
häufig still, weil ein für den Einbau bestimmtes Teil nicht
genau passte oder fehlerhaft war. Die damaligen Roboter
waren nicht in der Lage, in einer solchen Situation flexibel
zu reagieren. In der Praxis agierten die Maschinen bislang
recht unbeholfen. Noch im Jahr 2005 waren sich die beiden amerikanischen Wissenschaftler Frank Levy und
Richard Murnane deshalb sicher, dass der Computer einen
menschlichen Fahrer nicht ersetzen könne. Der Vorgang
des Linksabbiegens mit Gegenverkehr sei so komplex,
dass es schwer sei, »sich vorzustellen, dass es gelingt, einen
Satz von Regeln zu entwickeln, der das Verhalten eines
Fahrers replizieren kann«.

Doch bereits heute arbeiten rund um die Welt Automobilunternehmen und Technologiekonzerne an einem
selbstfahrenden Auto. Google hat schon einen ersten Pro-
totypen vorgestellt – einen Zweisitzer ohne Lenkrad und
Pedale. Die Fahrzeuge sind mit Kameras, Radarsensoren
und Laserscannern auf dem Dach ausgestattet. Sie erfassen
die Umgebung und sorgen dafür, dass es bei Hindernissen
bremst oder ausweicht und an der richtigen Stelle abbiegt.
Mit Hilfe von Navigationssoftware findet der Wagen den

richtigen Weg. Zunächst ist schon aus rechtlichen Gründen vorgesehen, dass in solchen Fahrzeugen noch ein Fahrer sitzt, es wird aber auch an Robotertaxis und selbstfahrenden Lastwagen gearbeitet, die ganz ohne den Menschen am Steuer auskommen.

Möglich macht das ein Trend, der nach seinem Entdecker, dem amerikanischen Computerexperten und Unternehmer Gordon Moore, Mooresches Gesetz heißt. Moore beobachtete im Jahr 1965, dass sich die Leistungsfähigkeit von Computerchips innerhalb eines Zeitraums von zwölf bis 24 Monaten in etwa verdoppelte. Daraufhin sagte er voraus, dass sich diese Entwicklung in den kommenden zehn Jahren fortsetzen würde – was damals kaum jemand glauben konnte. Doch Moore hat recht behalten: Sein Gesetz gilt immer noch. Die Vorläufer des modernen Computers in den vierziger Jahren des vergangenen Jahrhunderts füllten noch ganze Büroetagen. Im Jahr 1971 brachte die Firma Intel einen Mikroprozessor von der Größe eines Fingernagels auf den Markt, der aus immerhin 2300 Schaltkreisen bestand. Auf heutigen Prozessoren befinden sich mehr als zwei Milliarden Schaltkreise. Diese Vervielfachung der Rechenleistung ist die Grundlage der neuen Entwicklungen in der Automatisierungstechnik.

Die Maschinen der ersten Generation bedrohten einfache Jobs: Sie ersetzen den Menschen in den Produktionshallen der Automobilunternehmen, im Büro oder in der Landwirtschaft. Die Automatisierung einfacher Tätigkeiten hat deshalb ganz erheblich zur Stagnation der Löhne in den mittleren und unteren Einkommensschichten beigetragen, weil immer leistungsfähigere Computer Arbeitsplätze vernichtet haben und die Konkurrenz um die verbliebenen Stellen größer wurde. In den industrialisierten Staaten haben Tätigkeiten mit mittlerem oder niedrigem Anforderungsprofil ihre Bedeutung für den wirtschaftlichen Fortschritt verloren, entsprechend sind die Einkommen von Arbeitnehmern mit niedriger oder mittlerer Qualifikation gesunken. Dieser Trend dürfte sich fortsetzen. Die Maschinen der zweiten Generation mit ihren komplizierten Algorithmen und verbesserten motorischen Fähigkeiten könnten zur Gefahr für Arbeitsplätze werden, die bislang als sicher galten, weil sie ein bestimmtes Qualifikationsniveau erfordern. Analyseprogramme werden Juristen überflüssig machen, Tabellenkalkulationsprogramme die Aufgaben der Buchhalter übernehmen. Es gibt inzwischen sogar Programme, die einfache journalistische Texte mit den neuesten Sportergebnissen oder Konjunkturindikatoren verfassen. Vielleicht werden bald auch die ersten Reporter überflüssig.

In einer Studie aus dem Jahr 2013 unterteilen die an der Universität Oxford lehrenden Ökonomen Carl Benedikt Frey und Michael Osborne die geläufigen Berufe in den USA in 702 Kategorien – vom Fahrradmechaniker bis zum Tänzer. Sie kommen zum Ergebnis, dass 47 Prozent der Jobkategorien von der Automatisierung bedroht sind. Ganz oben auf ihrer Liste: Kassierer, Köche, Fahrer, aber auch Kreditanalysten, Versicherungskaufleute, Makler. Selbst in Tätigkeitsfeldern, in denen es auf handwerkliches Geschick und Fingerfertigkeit ankomme, würde die Menschheit »ihren komparativen Vorteil verlieren«.

Inzwischen haben Ökonomen damit begonnen, die Untersuchungsmethode von Frey und Osborne auf die europäischen Arbeitsmärkte anzuwenden. Demnach ge-

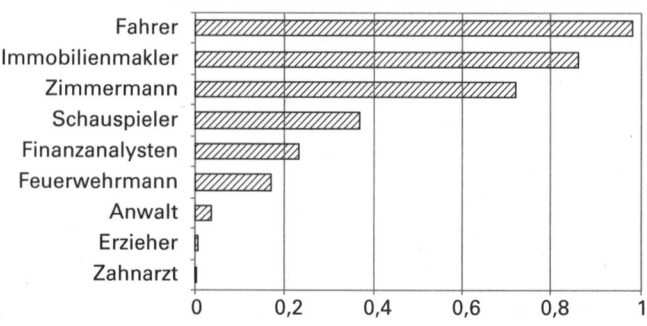

### Es wird eng
Wahrscheinlichkeit eines Jobverlusts durch Roboter

hen in Deutschland in den kommenden 20 Jahren 51 Prozent aller derzeit existierenden Jobs durch die Automatisierung verloren, in Österreich 54 Prozent und in Frankreich 49 Prozent. Auch bei Volkswagen wagt man einen zweiten Versuch. In Wolfsburg arbeitet ein ganzes Team an der Automatisierung und Digitalisierung der Produktion. Mit Hilfe der Robotertechnik lassen sich die Fertigungskosten erheblich senken. In der deutschen Automobilindustrie liegen die Arbeitskosten bei rund 40 Euro in der Stunde, die heute bereits eingesetzten Industrieroboter kosten rund fünf Euro in der Stunde – dabei sind Kosten für Instandhaltung und Energie bereits eingerechnet. Und wenn Maschinen schon »Jeopardy!« spielen können, dann ist es vielleicht nicht mehr weit, bis sie den Menschen komplett aus der Arbeitswelt verdrängen. Dann gäbe es auf der Welt also schlicht nicht mehr genug Arbeit für die Menschen.

Darin liegt auch eine Chance. Gerade in einer alternden Gesellschaft kann die Automatisierung ein Segen sein. Schon bald wird es zum Beispiel in Deutschland nicht mehr genug Menschen im arbeitsfähigen Alter geben, um das Land mit Gütern und Dienstleistungen zu versorgen. Bereits heute beklagen sich viele Unternehmen über einen Mangel an Fachkräften. Wenn es mit Hilfe der Maschinen gelingt, dieses Problem zu lösen, dann könnte sich die zweite industrielle Revolution genau wie die erste langfristig als segensreich erweisen. Wenn aber die Roboter so mächtig werden, wie es Brynjolfsson und McAfee vorhersagen, dann sind die Vorteile der Automatisierung nicht mehr so offensichtlich. Denn eine Welt, in der die Maschinen die Arbeit erledigen, gleicht nur auf den ersten Blick einem Schlaraffenland. Die Maschinen gehören – wie heute die Fabriken – ihren Eigentümern. Diesen Eigentümern flösse ein großer Teil der Gewinne zu, die sich mit den von den Robotern hergestellten Gütern und Dienstleistungen erzielen lassen. Es entstünde also eine neue Schicht von Kapitalbesitzern, die ihre Maschinen für sich arbeiten lassen und den Profit einstreichen.

Damit stellt sich die Frage, wovon der Rest der Menschheit leben soll. Die Arbeit ist ja abgeschafft, also wird auch kein Gehalt mehr ausbezahlt. In einer Welt ohne Jobs würde der Lohn seine Funktion als Garant von Kaufkraft und Einkommen weitgehend verlieren. Damit wäre es nicht mehr möglich, über eine produktivitätsorientierte Lohnpolitik ausreichend Massenkaufkraft zu erzeugen, um Abnehmer für die produzierten Güter zu finden. Weil die Mitglieder der neuen Oberklasse wahrscheinlich selbst gar nicht in der Lage wären, das von ihnen eingenommene Geld für Konsum und Investitionen auszugeben, wäre eine solche Wirtschaft langfristig wohl auch nicht stabil. Als der technische Fortschritt massenweise Stellen in der

amerikanischen Landwirtschaft vernichtete, waren die
übrigen Sektoren der Wirtschaft vermehrt auf menschliche Arbeitskraft angewiesen. Deshalb ist der Übergang
von einer agrarisch geprägten Gesellschaft in eine Indus-
triegesellschaft ohne dauerhafte Arbeitsplatzverluste gelungen. Was aber, wenn der Mensch komplett überflüssig
wird? Eine solche Welt würde vielleicht jener ähneln, die
die Hauptfigur des Romans »Die Zeitmaschine« des englischen Schriftstellers H. G. Wells vorfindet. Auf einer
Reise in das Jahr 802701 begegnet er zwei menschenähnli-
chen Wesen: den Eloi, die sorgenfrei ohne materielle Not
in einem oberirdischen Paradies leben, und den Morlocken, die in unterirdischen Höhlen mit riesigen Maschi-
nenparks hausen. Die Pointe des Romans: Die Eloi haben
nur scheinbar das bessere Los gezogen. In der Nacht werden sie von den Morlocken eingefangen und aufgegessen.

Das ist ein Extremszenario. Es wird auf absehbare Zeit
noch eine Reihe von Jobs geben, die nicht so schnell durch
Maschinen ersetzt werden können, und darunter werden
sich auch Stellen für Menschen mit normaler Qualifikation befinden – etwa in der Pflege. Es ist dennoch eine der
wichtigsten Zukunftsfragen, wie jenseits der Erwerbsarbeit die Verteilung der Einkommen in einer Weise organisiert werden kann, die alle Bevölkerungsschichten an den
Wohlstandzuwächsen beteiligt und genug Güternachfrage
erzeugt, um die Wirtschaft am Laufen zu halten. Dazu
später mehr. Denn zunächst soll eine weitere Entwicklung
beschrieben werden, die die Löhne unter Druck gesetzt
hat.

## Wir kommen, um zu bleiben

Als das Zentralkomitee der kommunistischen Partei Chinas im Dezember 1978 zusammenkam, war die Volksrepublik eines der ärmsten Länder der Welt: Das Pro-Kopf-Einkommen betrug in heutige Preise umgerechnet 381 Dollar. Der Kommunistenführer Mao Zedong hatte China nach Jahrzehnten der Demütigung durch westliche Kolonialmächte zu politischer Souveränität verholfen, aber es war ihm nicht gelungen, das Land wirtschaftlich zu modernisieren. China war reif für den Wandel – und ein gewisser Deng Xiaoping erkannte die Zeichen der Zeit. Deng war der Sohn eines kleinen Landbesitzers, der in Frankreich zur Schule ging und in Moskau studierte. In den dreißiger Jahren kämpfte er an der Seite Maos, wandte sich aber im Laufe der Zeit zunehmend von seinem Förderer ab. Nach Maos Tod im Jahr 1976 eroberte Deng schnell die höchsten politischen Ämter in der Volksrepublik. Unter seiner Führung beschloss die Parteiführung die »sozialistische Modernisierung« der Wirtschaft und führte nach und nach eine kapitalistische Wirtschaftsordnung ein: Staatsbetriebe wurden aufgelöst, private Unternehmen zugelassen und das Land für ausländisches Kapital geöffnet. In den folgenden Jahren integrierte sich das bislang ökonomisch isolierte China in einem atemberaubenden Tempo in die Weltwirtschaft. China ist heute Mitglied der Welthandelsorganisation und – mit einem Pro-Kopf-Einkommen von rund 7000 Dollar – die weltweit zweitgrößte Volkswirtschaft.

Der Aufstieg Chinas ist Teil einer tektonischen Verschiebung in der Weltwirtschaft, die sich Ende des 20. Jahrhunderts ereignete. Die Arbeitnehmer in den alten Industriestaaten führten bis dahin ein vergleichsweise geschütztes Leben: Die Höhe der Löhne variierte zwar von Land zu Land, genau wie die Arbeitsmarktgesetze, diese Unterschiede waren aber nicht sehr groß. Dann betrat plötzlich nicht nur der Gigant China die ökonomische Weltbühne: Auch Indien öffnete sich für den Weltmarkt, und nach dem Fall des Eisernen Vorhangs zogen die kommunistischen Staaten Osteuropas nach. Der amerikanische Wirtschaftswissenschaftler Richard Freeman schätzt, dass sich dadurch der globale Arbeitskräftepool von 1,46 Milliarden auf 2,93 Milliarden Menschen verdoppelt hat. Insgesamt hat sich nach einer Schätzung des Internationalen Währungsfonds die Zahl der Arbeitnehmer, die für den Weltmarkt produzieren können, zwischen 1980 und 2005 vervierfacht.

Nun konkurrieren deutsche und amerikanische Arbeiter nicht direkt mit ihren chinesischen Kollegen um dieselben Jobs. Das ginge nur, wenn die Chinesen im großen Stil ihr Land verlassen, um sich in Deutschland oder den USA eine Arbeit zu suchen. Das ist nicht passiert. Der Anstieg des Arbeitskräftepools wirkt sich über den internationalen Handel auf Löhne und Beschäftigung in Europa und Nordamerika aus. In den aufstrebenden Volkswirtschaften Asiens lagen die Gehälter häufig nur bei einem Bruchteil des Niveaus, das in den Industrienationen gezahlt wurde. In China beispielsweise verließen Millionen von Menschen aus landwirtschaftlich geprägten Gegenden ihre Heimat, um in den boomenden Städten ihre Arbeitskraft anzubieten. Dank der niedrigen Löhne – und einer günstigen Währung sowie stabiler politischer Verhältnisse – wurde das Land innerhalb weniger Jahre zur Werkbank der Weltwirtschaft. Im Jahr 1990 entfielen 26,5 Prozent der globalen Produktion im verarbeitenden Gewerbe auf den asiatischen Kontinent. Heute sind es 46,5 Prozent.

Das sind abstrakte Zahlen. Konkret sind in der westlichen Welt ganze Industriezweige verschwunden und nach China verlagert worden. Nürnberg war einmal das Zentrum der europäischen Spielzeugindustrie. Der Modellautohersteller Schuco war in den sechziger Jahren einer der größten Spielzeugproduzenten auf dem Kontinent. Doch die Nürnberger Betriebe hatten der Konkurrenz aus den Billiglohnländern wenig entgegenzusetzen. Heute spielt die fränkische Metropole als Produktionsstandort keine Rolle mehr, und in der Altstadt erinnert ein Spielzeugmuseum an die glorreichen Zeiten. Das Schicksal der Nürnberger Spielzeugfabriken ereilte viele Unternehmen in den Industrienationen – ob in der Textilbranche oder in der Elektronikindustrie. Heutzutage sind in deutschen Geschäften kaum noch Waren zu finden, die nicht ganz oder teilweise in Asien gefertigt wurden.

Für viele Ökonomen ist das nicht weiter tragisch. Einer der wichtigsten Lehrsätze der Wirtschaftstheorie lautet, dass der freie Handel für alle beteiligten Länder eine gute Sache ist. Er geht zurück auf den Engländer David Ricardo, den wir bereits kennengelernt haben. Ricardo illustrierte seine Gedanken am Beispiel des Handels mit Tuch und Wein zwischen England und Portugal. Wenn zwischen den beiden Ländern kein Handel stattfindet, dann muss jedes Land sowohl Tuch als auch Wein herstellen – obwohl es im Portugal des 19. Jahrhunderts keine nennenswerte Textilindustrie gab und das britische Königreich nicht unbedingt für seine guten Winzer bekannt ist. Wenn die beiden Länder Handel treiben, dann können sich die englischen Arbeitnehmer auf die Tuchproduktion konzentrieren und den Weinanbau den von der Sonne verwöhnten Portugiesen überlassen. Den Wein importieren die Engländer aus Portugal – im Tausch gegen Tuch. Weil jeder das macht, was er am besten kann, gibt es insgesamt mehr Tuch und Wein, und der Wohlstand steigt. Ricardos Theorie ist im Laufe der Jahre mehrfach abgewandelt und verfeinert worden, aber ihre Grundaussage würden die meisten Wirtschaftswissenschaftler heute noch unterschreiben.

Und tatsächlich profitierten beide Seiten vom Ausbau der Geschäftsbeziehungen zwischen Deutschland und China: Dank der rapiden Industrialisierung des Landes haben Millionen von Chinesen den Weg aus der Armut geschafft. Nach Schätzungen der Weltbank mussten 1981 in China 972 Millionen Menschen mit weniger als 1,25 Dollar am Tag auskommen und lebten damit nach internationaler Definition in extremer Armut. Schon im Jahr 2009 waren nach dieser Definition nur noch 173 Millionen Menschen arm. Die Modernisierung der chinesischen Wirtschaft und der schnell wachsende Markt hat vielen deutschen Unternehmen wiederum volle Auftragsbücher beschert und damit Beschäftigung in Deutschland gesichert. In vielen chinesischen Fabriken stehen deutsche Maschinen, und für die hiesigen Automobilkonzerne ist der chinesische Markt ein wichtiges Standbein. Volkswagen liefert rund ein Drittel aller weltweit verkauften Fahrzeuge an Kunden in China aus. Weil die Chinesen billiger produzieren, sind die Preise für viele Güter gesunken. Davon profitieren die Verbraucher in den Industrienationen. Würde Apple sein iPhone nicht in China, sondern in den USA herstellen, wäre das Gerät für Normalverdiener wahrscheinlich unerschwinglich.

Es gibt nur ein Problem mit dieser Theorie: Wenn es einem Land bessergeht, dann folgt daraus noch lange nicht, dass es allen Menschen in diesem Land bessergeht. Die Integration Asiens in die Weltwirtschaft hat in der deutschen Exportwirtschaft viele – häufig gut bezahlte – Jobs geschaffen und den Unternehmen satte Gewinne beschert. Aber es sind eben auch jede Menge Arbeitsplätze vor allem mit niedrigem oder mittlerem Anforderungsprofil vernichtet worden. Und nicht immer ist es gelungen, für diese Menschen durch Qualifizierungsmaßnahmen einen adäquaten Ersatz zu finden. Sie leben von Hartz IV oder schlagen sich mit Billigjobs im Dienstleistungsgewerbe durch. In den USA ist der durchschnittliche Einkommensunterschied zwischen Fachkräften und einfachen Arbeitnehmern nach Untersuchungen des Internationalen Währungsfonds zwischen 1980 und 2005 um 25 Prozent gestiegen. So hat auch die Globalisierung zur Spaltung der Gesellschaft beigetragen. Arbeitnehmer mit geringer oder mittlerer Qualifikation mussten erhebliche Gehaltseinbußen hinnehmen, während Topverdiener und Aktionäre gut verdient haben.

## Einer wird gewinnen

Elizabeth Billington war Anfang des 19. Jahrhunderts ein echter Superstar. Die britische Opernsängerin galt als eines der größten Talente ihrer Generation, zeitgenössische Kritiker nannten sie eine »Gottheit«. Billington füllte die Konzertsäle in ganz Europa, und als sie wegen einer Krankheit sechs Wochen lang nicht auftreten konnte, wurde das Opernhaus von Venedig zur Feier ihrer Rückkehr drei Tage lang beleuchtet. Im Jahr 1801 verdiente sie in London 10 000 britische Pfund pro Saison, was für damalige Verhältnisse eine Spitzengage war. Fasziniert von Billingtons Karriere, versuchte der an der Universität von Cambridge lehrende Wirtschaftsprofessor Alfred Marshall – einer der Gründerväter der modernen Ökonomie –, das Geheimnis ihres Erfolgs zu ergründen. Marshall argumentierte, dass Publikumsmagneten wie Billington durch den Anstieg des allgemeinen Wohlstandsniveaus auch ein höheres Einkommen erzielen können. Allerdings habe Billington wohl eine Gehaltsgrenze erreicht, weil die Zahl der Menschen, die Opernsänger erreichen könnten, durch die eingeschränkte Reichweite der menschlichen Stimme »streng begrenzt« sei.

Diese Einschätzung sollte sich als Irrtum erweisen. Heutzutage erreichen Musiker und andere Künstler über CDs, digitale Speichermedien, Radio und Fernsehen praktisch die gesamte Menschheit, und damit sind den Verdienstmöglichkeiten globaler Großverdiener praktisch keine Grenzen gesetzt. In aktuellen Preisen hat Elizabeth Billington etwa 600 000 Pfund pro Jahr verdient – dafür würden heutige Stars nicht einmal aufstehen. So hat sich

in Zeiten globaler Märkte und moderne Kommunika-
tionstechnologien eine Art Superstarökonomie herausgebildet. Ihr wichtigstes Merkmal ist, dass das Einkommen
der erfolgreichsten Anbieter – dabei kann es sich um In-
vestmentbanker, Manager, Sportler oder eben Musiker
und Schauspieler handeln – erheblich höher ist als das
Einkommen aller übrigen Anbieter. Ökonomen sprechen
deshalb vom The-winner-takes-it-all-Prinzip: Die Nachfrage konzentriert sich auf wenige Produkte mit hohem
Wiedererkennungswert, die breite Masse der übrigen
Marktteilnehmer spielt so gut wie keine Rolle.

Wenn an der Spitze enorme Profite locken, dann lohnt
es sich für Unternehmen, Unsummen für Superstars auszugeben. Das erklärt die enormen Gehälter mancher Spitzenmanager – und die gigantischen Ablösesummen im
Profifußball. Ein Topstürmer kostet zwar viel Geld, aber
er sichert vielleicht den Zugang zur Champions League.
Der entscheidende Punkt dabei ist: Die Gewinner können
die bei den Kunden vorhandene Kaufkraft monopolisie-
ren. Wenn jeder die neue CD von Madonna kauft, bleibt
weniger Geld für die CDs anderer Musiker. Das kann
ganz erheblich dazu beitragen, dass die Kluft zwischen
Reich und Arm größer wird. Denn je mehr Einkommen
auf die Spitzenverdiener entfällt, desto weniger entfällt
auf den Rest. Das führt auch zu einer Entkoppelung von
Leistung und Erfolg. Die meisten Menschen strengen sich
in ihrem Beruf an. Früher standen die Chancen nicht
schlecht, dass sich diese Anstrengung auch finanziell aus-
zahlt. In einer Superstarökonomie ist das nicht mehr der
Fall. Zu wenige verdienen zu viel, und zu viele verdienen
zu wenig.

## Alle Räder stehen still

Der 3. August 1981 ist ein heißer Sommertag an der amerikanischen Ostküste. Das Thermometer steht schon bei über 30 Grad, als Ronald Reagan in Washington im grauen Anzug vor die Presse tritt. Am Morgen haben etwa 13 000 Fluglotsen die Arbeit niedergelegt. Die Gewerkschaft PATCO fordert bessere Arbeitsbedingungen und höhere Löhne. Der amerikanische Präsident macht deutlich, dass er den Streik für gesetzeswidrig hält, und dann zündet er die Bombe: Wer nicht innerhalb von 48 Stunden zurück am Arbeitsplatz sei, dessen Vertrag werde »beendet«. Die Fluglotsen bleiben hart. Zwei Tage später haben mehr als 12 000 von ihnen ihren Job verloren – und Reagan setzt durch, dass sie nie wieder von der Flugsicherheitsbehörde eingestellt werden dürfen. Wir haben bisher argumentiert, dass sich der Lohnschwund auf den technischen Fortschritt und die Globalisierung zurückführen lässt. Die Zeit lässt sich nicht zurückdrehen. Die neuen Technologien sind in der Welt, und die Grenzen sind offen. Doch die Stagnation der Gehälter hat auch etwas mit Macht zu tun – und deshalb sind die Ereignisse vom August 1981 so wichtig.

Das Arbeitnehmerlager hat sich nämlich bis heute nicht von der Niederlage erholt, die ihr Ronald Reagan bereitet hat. Die Geschichte der Arbeit war bis zu diesem Datum eine Geschichte der ständigen Ausweitung von Arbeitnehmerrechten. Die Gewerkschaften waren mächtig und gefürchtet. In Deutschland konnte die Gewerkschaft Öffentliche Dienste, Transport und Verkehr (ÖTV) unter ihrem legendären Chef Heinz Kluncker im Jahr 1973 mitten in der Ölkrise elf Prozent mehr Lohn für die Beschäftigten erstreiken. Aber der Streik der amerikanischen Fluglotsen markiert einen historischen Wendepunkt im Kampf um die Macht.

Nur drei Jahre nach dem Streik der Fluglotsen in den USA forderten die Bergarbeiter in Großbritannien die Regierung heraus. Die staatliche britische Kohlegesellschaft hatte angekündigt, unwirtschaftliche Zechen zu schließen und rund 20 000 Stellen zu streichen. Einen Tag später traten die ersten Kohlearbeiter in den Ausstand. Es kam immer wieder zu Zusammenstößen mit der Polizei, bei denen es sogar Tote gab. Auf dem Höhepunkt der Auseinandersetzung streikten mehr als 100 000 Bergleute, es kam zu Solidaritätsaktionen in Osteuropa, um die britischen Kumpel zu unterstützen, die zum Teil keinerlei finanzielle Ausgleichszahlungen erhielten. Die britische Premierministerin Margaret Thatcher aber blieb hart, und im März 1985 ging einer der längsten Arbeitskämpfe in der europäischen Wirtschaftsgeschichte zu Ende, ohne dass die Bergleute ihre Forderungen hatten durchsetzen können. Das hat die britische Arbeiterbewegung demoralisiert und ihren Niedergang eingeläutet. Heute spielen Gewerkschaften in Großbritannien praktisch keine Rolle mehr.

Den deutschen Gewerkschaften ist ein solches Schicksal bislang erspart geblieben. Aber auch sie haben an Einfluss verloren. Nach einer Studie der Bertelsmann-Stiftung war im Jahr 1996 noch die Entlohnung von 82 Prozent aller Beschäftigten durch einen Tarifvertrag geregelt, im Jahr 2010 galt die Tarifbindung nur noch für 62 Prozent der Arbeitnehmer. Der Anteil der Gewerkschaftsmitglieder an den Beschäftigten insgesamt sank, Daten der OECD

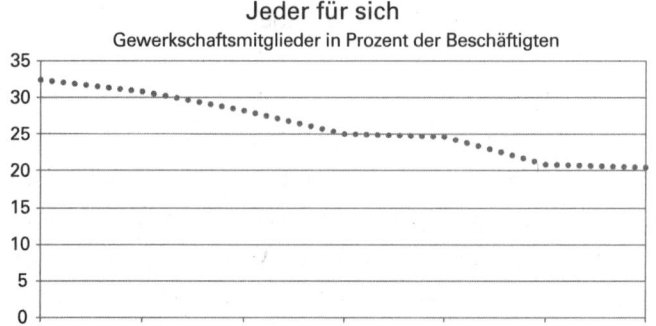

Jeder für sich
Gewerkschaftsmitglieder in Prozent der Beschäftigten

zufolge, von 27,1 Prozent im Jahr 1994 auf 20,6 Prozent im Jahr 2012. Die Löhne werden also zunehmend dezentral in den Betrieben vereinbart. Besonders schwer tun sich die Gewerkschaften damit, junge Menschen an sich zu binden. Belief sich der Anteil der Mitglieder über 51 Jahre zwischen 1994 und 2000 noch auf 21 Prozent, so lag er zwischen 2008 und 2012 schon bei 36 Prozent. Wie überall ist das eine Folge des wirtschaftlichen und sozialen Strukturwandels. Die Bedeutung der Großunternehmen mit ihrem hohen gewerkschaftlichen Organisationsgrad hat abgenommen, während der für Gewerkschaften schwieriger zu durchdringende kleinteilige Dienstleistungssektor immer wichtiger wird. In praktisch allen großen Industrienationen sinkt die Bereitschaft, sich in traditionellen Organisationen wie Kirchen, Parteien oder eben Gewerkschaften zu engagieren. Und angesichts der bis vor wenigen Jahren hohen Arbeitslosigkeit ist die Bereitschaft der Arbeitnehmer gesunken, sich für ihre Sache einzusetzen. Der drohende Arbeitsplatzverlust wirkt disziplinierend auf die Mitarbeiter, und das konnten sich die Arbeitgeber zunutze machen.

Doch auch in Deutschland haben politische Entscheidungen dazu beigetragen, dass die Gewerkschaften heute weniger zu sagen haben als in früheren Zeiten. Es gab zwar hierzulande keine Radikalreformer wie Ronald Reagan in den USA oder Margaret Thatcher in Großbritannien. Aber es gab mit Gerhard Schröder einen Bundeskanzler, der das Land mit einer Verspätung von einem Vierteljahrhundert in eine ganz ähnliche Richtung steuerte und im Rahmen der Agenda 2010 staatliche Leistungen für Arbeitslose senkte. Damit konnten die Unternehmen niedrige Löhne durchsetzen, denn da die Arbeitnehmer im Fall einer Arbeitslosigkeit weniger Geld vom Staat bekamen, waren sie auch bereit, für weniger Geld zu arbeiten. Die Reformen erzeugten in Deutschland ein gesellschaftliches Klima, in dem der Abbau von Arbeitnehmerrechten als Beitrag zur Sicherung der Zukunft des Landes durchging.

Die Gewerkschaften konnten sich dem Zeitgeist nicht entziehen. Am 12. Februar 2004 unterzeichneten die Tarifpartner in der Metall- und Elektrobranche das sogenannte Pforzheimer Abkommen. Es erlaubt Unternehmen, von Tarifverträgen befristet abzuweichen, wenn sie dadurch Arbeitsplätze sichern oder neue schaffen. Konkret: Die Tarifparteien konnten in den betroffenen Betrieben nach Rücksprache mit Betriebsrat und Geschäftsleitung zum Beispiel das Weihnachtsgeld kürzen oder die Arbeitszeit ohne Lohnausgleich erhöhen. Dadurch haben die Gewerkschaften ein Stück weit die Kontrolle über die Löhne verloren. Viele Ökonomen haben damit kein Problem. Sie argumentieren, dass der Arbeitsmarkt ein Markt ist wie jeder andere – und das bedeutet: Angebot und Nachfrage bestimmen den Preis. Wenn die Kartoffelernte schlecht ausgefallen ist, aber viele Menschen gerne Kartoffeln essen wollen, wird der Preis für ein Kilo Kartoffeln auf dem Gemüsemarkt steigen. Auf diese Weise kommen Angebot und Nachfrage in ein Gleichgewicht. Wenn die Wirtschaft boomt und die Unternehmen mit der Produktion nicht mehr hinterherkommen, dann können die Arbeitnehmer höhere Löhne durchsetzen. Wenn die Wirtschaft dagegen stagniert und die vorhandene Nachfrage auch mit weniger Leuten bedient werden kann, können es sich die Betriebe leisten, die Löhne zu drücken. In den meisten ökonomischen Lehrbüchern werden Gewerkschaften als Störfaktor beschrieben, die die Entfaltung der Kräfte des Marktes behindern. Sie sichern hohe Löhne für ihre Mitglieder auf Kosten der restlichen Arbeitnehmer.

Wir haben bereits gesehen, dass eine solche Betrachtungsweise zu kurz greift, weil die Löhne nicht nur von der allgemeinen Wirtschaftslage beeinflusst werden, sondern selbst die allgemeine Wirtschaftslage beeinflussen. Wenn auf dem Kartoffelmarkt zu viele Kartoffeln angeboten werden, dann fallen die Preise. Wenn auf dem Arbeitsmarkt zu viele Bewerber um eine Stelle konkurrieren, dann fallen die Löhne. Allerdings werden dann in einem zweiten Schritt auch weniger Güter nachgefragt. Damit kann auch weniger produziert werden, und die Nachfrage nach Arbeitskräften geht zurück. Im schlimmsten Fall kommt es zu einer Abwärtsspirale aus fallenden Löhnen und steigender Arbeitslosigkeit. Noch aus einem anderen Grund ist der Arbeitsmarkt nicht mit einem Gemüsemarkt vergleichbar: Er funktioniert in vielerlei Hinsicht überhaupt nicht wie ein echter Markt, auf dem sich durch das Zusammenspiel von Angebot und Nachfrage der richtige Preis herausbildet. Das liegt vor allem daran, dass Machtverhältnisse bei der Aushandlung von Löhnen eine ganz entscheidende Rolle spielen. Selbst in einer boomenden Wirtschaft sitzen die Arbeitgeber oft am längeren Hebel, etwa weil es in einer Region nur eines oder wenige Unternehmen gibt und die Beschäftigten deshalb keine Alternativen zu ihrer Stelle haben, wenn sie nicht wegziehen wollen. Außerdem ist der Jobwechsel für die Arbeitnehmer mit erheblichen Unsicherheiten verbunden. Ob die neue Tätigkeit hält, was sie verspricht, das lässt sich erst nach einigen Monaten sagen. Und oft wird der neue Arbeitsvertrag nicht gleich mit Ablauf des alten unterschrieben, sondern es vergehen einige Wochen oder Monate. Diese Suchphase ist für die Betroffenen oft eine finanzielle und psychologische Belastung. Deshalb akzeptieren Arbeitnehmer in manchen Fällen eher niedrigere Löhne, als das Wagnis einer Kündigung einzugehen.

Die Organisation der Arbeitnehmerschaft gleicht dieses Machtungleichgewicht teilweise aus. Ein einzelner Mitarbeiter wird zwar im Konfliktfall gegen seinen Arbeitgeber wenig ausrichten können, die komplette Belegschaft aber schon. Die Gewerkschaften bündeln Arbeitnehmerinteressen. Und sie nehmen Einfluss auf die politische Willensbildung und handeln für einzelne Branchen oder Unternehmen Tarifverträge aus. Eine ganze Reihe von ökonomischen Studien zeigt, dass – was wenig verwunderlich ist – in Ländern mit starken Gewerkschaften höhere Löhne bezahlt werden. Im Schnitt liegt die sogenannte Lohnprämie in den Industrienationen bei fünf bis zehn Prozent des durchschnittlichen Einkommens. Schätzungen für

Deutschland ergeben Werte zwischen einem und zehn Prozent. Dabei profitieren vor allem Beschäftigte mit niedriger und mittlerer Qualifikation vom Schutz durch Tarifverträge. Auf diese Weise haben die Gewerkschaften maßgeblich dazu beigetragen, dass die Beschäftigten in den Nachkriegsjahren an den Produktivitätsfortschritten beteiligt wurden und sich in fast allen Industrienationen eine breite Mittelschicht herausbildete. Der Niedergang der Gewerkschaftsbewegung gefährdet diese Errungenschaft. In einem Arbeitspapier kommen Florence Jaumotte und Carolina Osorio Buitron – zwei Ökonomen in der Forschungsabteilung des Internationalen Währungsfonds (IWF) – zu dem Ergebnis, dass die Schwächung der Gewerkschaften etwa zur Hälfte zum Anstieg der Ungleichheit in den vergangenen Jahren beigetragen habe, indem sie »die Verhandlungsmacht der Arbeiter im Vergleich zu Topverdienern und Kapitaleigentümern reduziert« habe.

Auch für Gewerkschaften gilt dabei: Macht geht einher mit der Möglichkeit zum Missbrauch dieser Macht. Ein besonders eindrucksvolles Beispiel für einen solchen Machtmissbrauch ist der sogenannte Winter der Unzufriedenheit in Großbritannien. Um die hohe Inflation zu bekämpfen, wollte die britische Regierung in den siebziger Jahren den Anstieg der Löhne auf fünf Prozent im Jahr begrenzen. Die Gewerkschaften akzeptierten das nicht, und im Winter des Jahres 1978 kam es zu ausgedehnten Streiks. Sie begannen mit begrenzten Arbeitsniederlegungen in den Automobilwerken von Ford, im Rahmen derer Lohnsteigerungen deutlich über der von der Regierung festgelegten Grenze durchgesetzt werden konnten. Durch diesen Erfolg ermutigt, traten die Lastwagenfahrer und die Beschäftigten im öffentlichen Dienst in den Ausstand. Im ganzen Land mussten Tankstellen schließen, weil Benzin nicht angeliefert wurde, auf den öffentlichen Plätzen Londons verrottete der nicht abgeholte Müll. Die Streiks beendeten die Herrschaft der sozialdemokratischen Labour-Partei und leiteten einen Rechtsruck in Großbritannien ein. Im Mai 1979 wurde Margaret Thatcher zur britischen Premierministerin gewählt.

Der Konflikt war auch eine Folge der Ölkrisen der siebziger Jahre, die die westlichen Industriegesellschaften nach langen Jahren des Wachstums in ihrem Kern erschütterten und die etablierten Mechanismen zur Lösung von Verteilungskonflikten überforderten. Die zum Teil exorbitant hohen Lohnforderungen der Gewerkschaften waren ein Ergebnis des Versuchs, zugunsten der Beschäftigten einen Ausgleich für die kräftig gestiegenen Preise für Heizöl und Benzin durchzusetzen. Diese Rechnung konnte aber nicht aufgehen. Da die Unternehmen wegen der gestiegenen Lohnkosten die Preise erhöhen mussten, schossen die Lebenshaltungskosten weiter nach oben. Wenn die Gewerkschaften darauf mit noch höheren Lohnabschlüssen reagierten, drohte eine Spirale aus steigenden Preisen und höheren Löhnen. Dann mussten die Notenbanken die Zinsen anheben, was die angeschlagene Wirtschaft zusätzlich schwächte. Heute weiß man, dass es besser ist, bei steigenden Ölpreisen den Verlust an Kaufkraft hinzunehmen und auch in einem solchen Fall nicht von der Regel abzuweichen, wonach die Löhne im Einklang mit dem Anstieg der Produktivität zuzüglich der Zielinflation der Notenbank steigen sollten.

Die aus dem Ruder gelaufenen Tarifauseinandersetzungen der späten siebziger Jahre mussten als Beleg für das Scheitern einer nachfrageorientierten Wirtschaftspolitik herhalten. An den Universitäten stand eine neue Generation von Wissenschaftlern bereit, um die Wende hin zur Angebotspolitik mit ihrem Fokus Strukturreformen und Lohnzurückhaltung theoretisch zu unterfüttern. In Großbritannien bebilderten die konservativen Tories noch bis in die achtziger Jahre hinein ihre Wahlplakate mit den Müllbergen auf dem Londoner Leicester Square. Die Gewerkschaften wurden zum Opfer ihrer eigenen Unfähigkeit, eine angemessene Antwort auf die steigenden Ölpreise zu formulieren. Dabei war die damalige Eskalation des Verteilungskonflikts eher die Ausnahme als die Regel. Die Industrieländerorganisation OECD hat in einer groß angelegten Studie alle relevanten Untersuchungen zum Thema Gewerkschaftsmacht und Arbeitslosigkeit ausgewertet. Ergebnis: Nur in drei von 17 Fällen führte ein höherer Organisationsgrad zu mehr Arbeitslosen. In Deutschland traten die Gewerkschafter – von Heinz Kluncker abgesehen – auch in den siebziger Jahren vergleichsweise moderat auf. Die Bundesbank hatte sehr schnell zu verstehen gegeben, dass sie höhere Inflationsraten nicht tolerieren würde, und bei den Arbeitnehmervertretern war diese Botschaft angekommen. In der Folge stiegen die Preise in Deutschland deutlich weniger als in anderen Ländern.

# Was zu tun ist

*It ain't over till it's over.*
**Lenny Kravitz**

Dieses Buch begann mit dem Untergang des englischen Arbeitspferdes. Es wurde nicht mehr benötigt und deshalb nicht mehr gezüchtet. In erster Linie lag das am mangelnden Volumen seines Großhirns. Die Arbeitsleistung eines Pferdes entspricht im Wesentlichen seiner Muskelkraft. Das erklärt auch, warum die Leistung einer Maschine noch heute in Pferdestärken gemessen wird. Die Einheit geht auf James Watt (1736–1819) zurück, den Erfinder der Dampfmaschine. Watt wollte beweisen, dass seine Dampfmaschine dem Pferd überlegen ist. Deshalb bestimmte er die Leistung eines Pferdes, indem er aufzeichnete, wie viel Kohle ein Pferd am Tag mit Hilfe eines Seils und einer Rolle aus der Tiefe befördern könnte. Seinen Berechnungen zufolge schaffte es ein Arbeitspferd, in einer zehnstündigen Schicht 330 britische Pfund (etwa 150 Kilo) des schwarzen Gesteins 100 Fuß (rund 30 Meter) nach oben zu bewegen.

Später haben Forscher herausgefunden, dass Pferde je nach Rasse auch noch mehr leisten können, aber das war es dann auch schon. Weil es mit Dampfmaschine und Automobil trotzdem nicht konkurrieren konnte, war das Schicksal des Pferdes besiegelt. Der Mensch hat sich, wie wir gesehen haben, im Laufe seiner Entwicklungsgeschichte als erheblich wandelbarer erwiesen. Als Richard

Arkwright im Jahr 1768 seine Spinnmaschine zum Patent anmeldete und die kleinen Handwerksbetriebe im Norden Englands mit einem Mal nicht mehr konkurrenzfähig waren, passten sich die Menschen an. Sie arbeiteten in der Fabrik oder in den schnell wachsenden Dienstleistungsbetrieben. Und als Computer und Kopierautomaten die Büroarbeit revolutionierten und Schreibbüros überflüssig machten, wurden aus den Sekretariaten unternehmensinterne Organisationszentralen.

Bildung ist deshalb die erste Verteidigungslinie gegen den Lohnklau. Der Erwerb analytischer, kreativer und sozialer Fähigkeiten ermöglichte es dem Menschen, die Maschinen auf Distanz zu halten und sich für Aufgaben zu qualifizieren, die sich nicht so einfach automatisieren lassen. In den vergangenen Jahrzehnten ist deshalb in fast allen Industriestaaten das Qualifikationsniveau der Arbeitsbevölkerung immer weiter gestiegen. In den USA hatten im Jahr 2011 rund 21 Prozent aller Beschäftigten einen Universitätsabschluss, im Jahr 1973 waren es noch 10,1 Prozent. In vielen anderen Ländern verlief die Entwicklung ganz ähnlich. Der Anteil der Arbeitnehmer ohne Schulabschluss verringerte sich von 38,3 auf 28 Prozent. Das wird aber nicht ausreichen. Nach Schätzungen des McKinsey Global Institutes, der Forschungseinrichtung der Beratungsfirma McKinsey, gibt es für einfache Arbeitnehmer schlicht nicht genug Stellen. Demnach werden in den Industriestaaten bis zum Jahr 2020 rund 32 bis 35 Millionen Menschen ohne Hochschulstudium oder einer vergleichbaren Ausbildung keine Arbeit finden. Zugleich gebe es bis dahin 16 bis 18 Millionen Arbeitsplätze für Hochqualifizierte, die nicht besetzt werden könnten.

Das Problem wird sich nur durch eine groß angelegte Qualifizierungsoffensive lösen lassen. Und hier gibt es noch viel zu tun. Laut Grundgesetz darf in Deutschland niemand aufgrund seiner Herkunft benachteiligt werden. Der Alltag sieht anders aus: Von 100 Akademikerkindern beginnen nach einer Erhebung des Deutschen Studentenwerks 77 ein Hochschulstudium, nur 23 Kinder aus Haushalten ohne Akademiker schaffen es an die Universität. Weniger als ein Zehntel aller Studierenden kommt aus einer Familie, in der die Eltern maximal über einen Volks- oder Hauptschulabschluss verfügen. Besonders bei Menschen mit Migrationshintergrund versagt das Bildungssystem häufig. Obwohl ihr Anteil an der Gesamtbevölkerung im Jahr 2011 bei 19,5 Prozent lag, betrug der Anteil an den Personen ohne Schulabschluss 62 Prozent. Auch bei den Arbeitslosen oder den Empfängern von Hartz IV sind Migranten überdurchschnittlich vertreten.

Seit dem Jahr 2010 untersuchen Experten der Technischen Universität Dortmund und der Friedrich-Schiller-Universität Jena regelmäßig, wie gerecht es im deutschen Schulwesen zugeht. Sie nutzen Daten aus den amtlichen Statistikämtern und analysieren internationale Vergleichsstudien, um herauszufinden, wie gerecht es im deutschen Schulwesen zugeht. Sie kommen in ihrer letzten Untersuchung aus dem Jahr 2014 zu dem Ergebnis, dass es in den vergangenen Jahren zwar Fortschritte gegeben hat. Das Fazit aber stellt dem Land ein vernichtendes Zeugnis aus: Der Bildungserfolg sei stark vom sozialen Hintergrund abhängig. Es gelingt Schulen in Deutschland »immer noch zu wenig, die herkunftsbedingten Benachteiligungen ihrer

Schüler auszugleichen«. Selektion gehört zu den Aufgaben eines Bildungssystems. Doch in Deutschland bestimmt viel zu oft die Herkunft die Zukunft.

Dass es auch anders geht, hat das Land schon einmal bewiesen. Im Jahr 1969 stellt der damalige Bundeskanzler mit großem finanziellen Aufwand und persönlichem Ehrgeiz die Bildungspolitik an die Spitze seiner Reformagenda. Schulen und Hochschulen werden ausgebaut, und immer mehr Eltern können ihre Kinder auf die Realschule oder das Gymnasium schicken. Die Zahl der Studienanfänger schnellt empor, zahlreiche neue Hochschulen – etwa in Bremen und Siegen – werden errichtet. Für bedürftige Schüler und Studenten wird das BaföG eingeführt. Ende der sechziger Jahre lag die Zahl der Studierenden in Deutschland bei etwa 30 000, zehn Jahre später waren es doppelt so viele. Die sozialdemokratische Bildungsexpansion hat vielen jungen Menschen aus weniger privilegierten Schichten den Weg in die Mitte oder sogar an die Spitze der Gesellschaft geebnet.

Was zu tun ist, ist bekannt: Zahlreiche Studien haben ergeben, dass eine spätere Trennung der Schüler in unterschiedliche Schulzweige die Chancengleichheit erhöht. Fast alle Länder teilen Schülerjahrgänge in unterschiedliche Schulzweige auf, doch nirgends geschieht das so früh wie in Deutschland. In vielen Fällen ist der restliche Bildungsweg dann vorgezeichnet. In Finnland etwa werden Kinder deshalb bis zur 9. Klasse in kleinen Klassen gemeinsam unterrichtet, damit erhöhen sich die Chancen, dass unterschiedliche Ausgangsvoraussetzungen ausgeglichen werden. Auch ein Ausbau der Ganztagsbetreuung würde die Berufschancen von Kindern verbessern, die in ihren Familien nur wenig Unterstützung bekommen – genau wie kostenfreie und hochwertige Kindergrippen.

An Reformvorschlägen besteht also kein Mangel, doch viel zu häufig scheitert die Umsetzung am Geld oder am politischen Willen. Doch so wichtig Bildung sein mag: Sie ist kein Allheilmittel. Selbst bei der besten aller Förderungen bringen nicht alle die sozialen und kognitiven Voraussetzungen mit, um in der Arbeitswelt von morgen zu bestehen. Dazu sind die Menschen zu verschieden. Und wenn die These vom Siegeszug der Roboter auch nur im Ansatz richtig ist, dann gibt es keine Garantie, dass in der Zukunft überhaupt genug Jobs für die zusätzlichen Universitätsabsolventen entstehen.


## Geld vom Staat

Im Jahr 1880 veröffentlichte der französische Sozialist Paul Lafargue (1842–1911) in der Zeitschrift »L'Égalité« einen Aufsatz mit dem Titel »Das Recht auf Faulheit«. Lafargue war eine Art bunter Vogel der frühen Arbeiterbewegung. Seine ersten Lebensjahre verbrachte er auf Kuba, wo sein Vater eine Plantage besaß. Die Familie siedelte nach Frankreich über, Lafargue begann ein Studium der Medizin in Paris. Wegen seiner politischen Aktivitäten flog er von der Universität und ging nach London. Dort war er regelmäßiger Gast im Haus von Karl Marx und heiratete 1868 dessen Tochter Laura. Lafargues Schrift ist eine Reaktion auf das von den Pariser Revolutionären des Jahres 1848 proklamierte »Recht auf Arbeit«. Seiner

Meinung nach begebe sich die Arbeiterbewegung mit der in dieser Forderung zum Ausdruck kommenden Verherrlichung der Arbeit auf einen Irrweg: Die ständige Steigerung der Produktivität verweigere es den Menschen, sich den schönen Dingen des Lebens zu widmen. Lafargue schätzt die Faulheit als »Mutter der Künste und der edlen Tugenden«. Deshalb wollte er eine gesetzliche Höchstarbeitszeit von drei Stunden pro Tag festlegen.

Das ging dann selbst seinem Schwiegervater Karl Marx zu weit. Als »Ritter von der traurigen Gestalt« titulierte er Lafargue. Dennoch sind dessen Kerngedanken inzwischen in vielen Ländern verwirklicht worden – und die Idee, die gesellschaftliche Teilhabe nicht über den Arbeitslohn, sondern über Leistungen der Allgemeinheit zu organisieren, erfreut sich in Zeiten niedriger Löhne einer wachsenden Beliebtheit. Um nachvollziehen zu können, was das bedeutet, muss man sich noch einmal mit den Mechanismen der Verteilung des in einer Volkswirtschaft anfallenden Einkommens beschäftigen. Auf einer ersten Stufe ergibt sich die Einkommensverteilung aus dem Produktionsprozess. Diese sogenannte Primärverteilung spiegelt die Entlohnung der Produktionsfaktoren Arbeit und Kapital wider. Sie stand bisher in diesem Buch im Vordergrund. Wie sich gezeigt hat, ist der Anteil der Arbeit an der Wirtschaftsleistung gefallen, während der auf das Kapital entfallende Anteil gestiegen ist.

Die Geschichte ist an dieser Stelle aber noch nicht zu Ende. Denn der Staat verteilt die am Markt erwirtschafteten Einkommen um. Er nimmt den Bürgern über Steuern und Sozialbeiträge einen bestimmten Prozentsatz ihres Einkommens ab und überweist ihnen einen Teil davon in

Form von Transferleistungen zurück. Dabei steigt die Steuerlast in der Regel mit der Höhe des Einkommens, während Geringverdiener Zuwendungen etwa in Form von Wohngeld oder verbilligten Kindergartenplätzen erhalten. Nach Zahlen des arbeitgebernahen Instituts der deutschen Wirtschaft beträgt der Anteil der Armen – hier definiert als Bürger mit weniger als 60 Prozent des mittleren Einkommens – am gesamten Aufkommen an Steuern und Abgaben rund 1,6 Prozent, der Anteil an den Transferleistungen beläuft sich auf 13,9 Prozent. Die Reichen zahlen 16,5 Prozent ein, bekommen aber nur 3,9 Prozent zurück. Die sich nach staatlichen Eingriffen ergebende Konstellation der Einkommen wird Sekundärverteilung genannt. Die Primärverteilung gibt also an, wie die Leistung eines Arbeitnehmers am Markt entlohnt wird, und an der Sekundärverteilung lässt sich ablesen, wie viel Geld der Arbeitnehmer am Ende tatsächlich in der Tasche hat.

In Deutschland klaffen Primärverteilung und Sekundärverteilung erheblich auseinander. Im Jahr 2013 gaben Bund, Länder und Gemeinden rund 665 Milliarden Euro für Sozialleistungen aus – das sind etwa 24 Prozent der jährlichen Wirtschaftsleistung. Das bleibt nicht ohne Folgen: Nach Berechnungen des Sachverständigenrats zur Begutachtung der gesamtwirtschaftlichen Entwicklung erwirtschaften die untersten 50 Prozent der Bevölkerung im Jahr 2011 gerade einmal 16,3 Prozent des Markteinkommens. Nach der staatlichen Umverteilung entfallen aber 30,5 Prozent der Haushaltseinkommen auf die ärmste Hälfte. Die obersten zehn Prozent erwirtschaften 31,3 Prozent der Einkommen, davon blieben ihnen aber nach Abzug aller Abgaben nur 23,5 Prozent.

Ökonomen messen die Ungleichheit in einem Land mit Hilfe des sogenannten Gini-Koeffizienten. Er kann einen Wert zwischen null und eins annehmen. Wenn die Einkommen absolut gleich verteilt sind – also jeder genau dasselbe verdient –, nimmt dieser Koeffizient einen Wert von null an. Wenn das gesamte Einkommen auf eine Person entfällt, beträgt er eins. Je höher also dieser Koeffizient ausfällt, desto größer ist die Ungleichverteilung. Im Jahr 2011 betrug er nach Analysen des Sachverständigenrats bezogen auf die am Markt erzielten Einkommen 0,485 – nach der staatlichen Umverteilung dagegen lag er nur noch bei 0,288. Die Ungleichheit ist also gesunken. Das ist eigentlich eine gute Nachricht. Anders als zum Beispiel in den USA funktioniert der Sozialstaat hierzulande einigermaßen. Das bedeutet aber auch, dass die öffentliche Hand zunehmend die Aufgabe übernimmt, die eigentlich die Unternehmen übernehmen sollten: die Arbeitnehmer mit der nötigen Kaufkraft auszustatten, die für eine Teilnahme am gesellschaftlichen Leben und eine ausreichende Konsumnachfrage nötig ist.

Das ist kein Zufall, sondern durchaus gewollt. Ein solcher Ansatz basiert auf der Vorstellung, dass der Staat als eine Art Reparaturbetrieb für Marktprozesse fungiert, statt in diese Prozesse einzugreifen. Denn das würde angesichts der Komplexität des Zusammenspiels von Angebot und Nachfrage erhebliche Kollateralschäden anrichten. In den Worten des Sachverständigenrats: »Die Grundkonzeption der Sozialen Marktwirtschaft sieht vor, dass zunächst die Effizienz der Wirtschaftsprozesse und damit die volkswirtschaftliche Leistungsfähigkeit gesichert werden, bevor die Marktergebnisse dem gesellschaftlichen

Konsens entsprechend über das Steuer- und Transfersystem korrigiert werden.« In dieser Sichtweise sind beispielsweise staatliche Lohnzuschüsse sinnvoller als ein allgemeiner Mindestlohn.

Ein Paradebeispiel für einen solchen Politikansatz sind die sogenannten Aufstocker. In Deutschland können Bezieher von Arbeitslosengeld II nebenher reguläres Einkommen erzielen, das nur zum Teil mit den staatlichen Leistungen verrechnet wird. Im Jahr 2013 gab es in Deutschland etwa 1,3 Millionen solcher Aufstocker. Zum Teil handelt es sich dabei um Teilzeitkräfte, die schlicht nicht genug Stunden zusammenbekommen, um von ihrem Lohn leben zu können. Rund 60 Prozent aller Aufstocker gehen weniger als 22 Stunden in der Woche einer Beschäftigung nach. Allerdings arbeitet ungefähr jeder fünfte Aufstocker Vollzeit und benötigt dennoch staatliche Stütze – zumindest um eine Familie zu ernähren (bei der Mehrheit der vollzeitbeschäftigten Bezieher der Zusatzleistung handelt es sich um Paare mit Kindern oder Alleinerziehende). Das hat unter anderem mit der schlechten Bezahlung zu tun. Nach einer Analyse des Instituts für Arbeitsmarkt und Berufsforschung bekamen im Jahr 2010 in Ostdeutschland rund 47 Prozent und in Westdeutschland 33 Prozent aller Aufstocker weniger als fünf Euro brutto in der Stunde. Der Durchschnittslohn liegt demnach bei gerade einmal 6,20 Euro. Das reicht eben in vielen Fällen nicht. Deshalb springt der Staat ein.

In einer neoklassischen Welt ist das auch sinnvoll. Wie wir gesehen haben, wird aus dieser Perspektive auf einem freien Markt ein jeder nach seiner Produktivität entlohnt. Wenn also ein Unternehmen einem Arbeitnehmer nur fünf Euro in der Stunde bezahlt, dann liegt das daran, dass dieser Arbeitnehmer für das Unternehmen nicht mehr wert ist. Wenn nun die Gewerkschaften versuchen würden, die Löhne zu erhöhen, weil man von fünf Euro brutto in der Stunde nicht ordentlich leben kann, dann würde das Unternehmen einen Verlust einfahren und die Stelle streichen. Die Lohnsubvention bietet sich als Ausweg an, weil sich dadurch die Einkommenssituation der Arbeitnehmer verbessert, ohne dass sich die Arbeitskosten für die Unternehmen erhöhen. Das Einkommen wird von der wirtschaftlichen Eigenleistung entkoppelt, der wirtschaftliche Wohlstand wird nicht mehr wie bisher über den Arbeitslohn verteilt, sondern über staatliche Transferleistungen. Der Staat wird zum Garanten der Massenkaufkraft.

Wenn ein wachsender Teil der Gesellschaft nicht über die nötigen Qualifikationen verfügt, um von seiner Hände Arbeit leben zu können, hat ein solches Modell auch in der Realität einigen Charme. Der Wirtschaftsnobelpreisträger Milton Friedman entwickelte bereits in den sechziger Jahren die Idee einer negativen Einkommensteuer. Jeder Bürger hat Anspruch auf eine staatliche Grundsicherung, wobei die Höhe der Transferleistung mit dem eigenen Einkommen abnimmt. Dabei wird die Steuer – etwa über einen Grundfreibetrag – so kalkuliert, dass sich die Arbeitsaufnahme trotzdem rechnet. Wenn der Grundfreibetrag beispielsweise 1000 Euro beträgt und der Steuersatz 50 Prozent, dann bezahlt ein Arbeitnehmer, der 2000 Euro verdient, 500 Euro Steuern (50 Prozent von 1000 Euro). Er hat also insgesamt 1500 Euro zur Verfügung. Ein Arbeitnehmer, der genau 1000 Euro verdient, würde überhaupt keine Steuern bezahlen (50 Prozent von 0 Euro) und könnte damit 1000 Euro ausgeben, und ein Arbeitnehmer, der 100 Euro verdient, bekäme 450 Euro ausbezahlt (50 Prozent von 900 Euro) und hätte damit insgesamt 550 Euro. Friedman war ein Liberaler. Er befürwortete eine solche Steuer, weil sie die Armut bekämpft, dabei jedoch anders als Mindestlöhne oder Tarifverträge »soweit irgend möglich den Markt nicht stört und seine Funktionsweise nicht beeinträchtigt«. Der amerikanische Präsident Lyndon B. Johnson richtete in den sechziger Jahren eine Kommission ein, die sich mit den Auswirkungen der Einführung einer solchen negativen Einkommensteuer beschäftigte. Der von ihr vorgelegte Bericht stieß aber kaum auf Resonanz.

Dafür gewinnt seit einigen Jahren ein alternativer Vorschlag Anhänger: das bedingungslose Grundeinkommen (BGE). Die Idee: Jeder Bürger erhält unabhängig von seiner wirtschaftlichen Lage eine gesetzlich festgelegte und für jeden gleiche Zuwendung. Finanziert wird die Zuwendung durch Steuern und Abgaben. Die Idee hat in vielen Ländern der Welt Anhänger – auch in Deutschland gibt es zahllose Vereine und Organisationen, die sich für ein solches Einkommen starkmachen. Am weitesten fortgeschritten ist die Debatte in der Schweiz. Dort gibt es eine Volksinitiative, die ein konkretes Modell durchgerechnet hat. Demnach sollte jeder Erwachsene 2500 Franken erhalten, für Kinder und Jugendliche gäbe es 635 Euro. Die Kosten werden von der Schweizer Bundesverwaltung auf 218 Milliarden Franken im Jahr geschätzt. Das entspricht etwa einem Drittel der jährlichen Wirtschaftsleistung. Davon wären 55 Milliarden Franken bereits gedeckt, weil im Ge-

genzug andere Sozialleistungen gestrichen würden. Der
Rest müsste aus Steuermitteln bezahlt werden. Im Jahr
2016 sollen die Schweizer über den Vorschlag abstimmen.

Das Grundeinkommen ist immer wieder wegen seiner
Anreizwirkungen kritisiert worden. Anders als bei der
negativen Einkommensteuer ist es in den meisten Modellen so konzipiert, dass es auch ohne Zusatzeinkommen
ein vergleichsweise angenehmes Leben ermöglicht. Wenn
die staatliche Stütze dazu führt, dass weniger Menschen
arbeiten, verliert das BGE seine ökonomische Basis. Es
würde Geld ausbezahlt, dem keine reale Wertschöpfung
entgegensteht. Am Ende stiege also nur die Inflation.
Wenn aber ohnehin niemand arbeiten muss, weil die Maschinen die Menschheit mit Gütern und Dienstleistungen
versorgen, dann verlieren diese Einwände ihre Berechtigung. Denn das zentrale Merkmal einer solchen Welt ist
ja gerade, dass der Mensch nicht mehr benötigt wird. Das
Grundeinkommen würde also die Rolle übernehmen, die
der Lohn in einer von menschlicher Arbeit geprägten
Ökonomie innehat: Es würde Kaufkraft erzeugen und gesellschaftliche Teilhabe ermöglichen. Den Eigentümern
der Roboter würde also ein Teil ihrer Gewinne abgenommen und den nicht mehr arbeitenden Massen überwiesen,
um die Maschinenwirtschaft zu stabilisieren.

Staatliche Lohntransfers haben also ihre Berechtigung,
weil es immer Arbeitnehmer geben wird, die auf dem
Markt keine auskömmlichen Löhne erwirtschaften können. Weil sie nicht ausreichend leistungsfähig und belastbar sind, weil sie nicht frei über ihre Zeit verfügen können
oder weil sie schlicht die falsche Ausbildung haben. Diese
Menschen könnten ohne Lohnzuschüsse oder Ausgleichs-

zahlungen möglicherweise kein menschenwürdiges Leben führen. Angesichts des rasanten technologischen Wandels muss der Staat hier in Zukunft womöglich noch mehr tun. Das muss nicht unbedingt bedeuten, die Menschen dafür zu bezahlen, dass sie nichts tun. Denkbar wären zum Beispiel öffentliche Beschäftigungsgesellschaften, die Dienstleistungen etwa im Bereich des Umweltschutzes erbringen, die im Interesse der Allgemeinheit sind, aber sich über den Markt nicht organisieren lassen.

Auch die Zielgenauigkeit der staatlichen Umverteilung ließe sich erheblich verbessern. Denn auch wenn der Sozialstaat die Einkommensunterschiede ein Stück weit einebnet, landet das Geld nicht immer bei jenen, die es am nötigsten brauchen und am ehesten ausgeben. Leistungen wie das Kindergeld oder die Mütterrente etwa erhalten die Reichsten genauso wie die Ärmsten. Und häufig wird nach dem Prinzip linke Tasche, rechte Tasche umverteilt. Die Mittelschicht – mit einem Verdienst zwischen 80 und 150 Prozent des mittleren Einkommens – erhielt im Jahr 2014 anteilsmäßig ungefähr genauso viel an staatlichen Transfers, wie sie an Abgaben bezahlte. Das Deutsche Institut für Wirtschaftsforschung hat die Geldströme im Jahr 2015 umfassend analysiert und kommt zu dem Ergebnis, dass viele Zuwendungen »an Mittelschichtbürger oder sogar an Wohlhabende« gehen. Und schließlich könnte es bei der Finanzierung der staatlichen Ausgaben ebenfalls gerechter zugehen. In Deutschland werden Leistungen der öffentlichen Hand über Steuern und Sozialbeiträge finanziert. Die Steuerquote lag im Jahr 2013 bei 23,6 Prozent, und die gesamten Staatseinnahmen beliefen sich zuletzt auf 44,6 Prozent der Wirtschaftsleistung. Das

**Deutschland im Mittelfeld**
Staatseinnahmen in Prozent der Wirtschaftsleistung

ist ein Niveau, das international üblich ist und auch in Deutschland, historisch betrachtet, nicht sonderlich hoch erscheint – vor allem mit Blick auf den riesigen Investitionsstau.

Aber die Verteilung der Lasten wird zunehmend zum Problem. Das liegt unter anderem an einer Nebenwirkung des mit der Höhe des Einkommens steigenden Steuertarifs: der kalten Progression. Wer in Deutschland mehr Geld verdient, muss auch mehr an den Fiskus abgeben. Auf ein zu versteuerndes Jahreseinkommen von 30000 Euro musste ein Single – ohne Solidaritätszuschlag – im Jahr 2014 beispielsweise durchschnittlich 19 Prozent Steuern bezahlen. Auf 500000 Euro werden 26 Prozent fällig. Das ist zunächst einmal so gewollt, weil es dem Prinzip folgt, dass starke Schultern mehr tragen können als schwache. Wenn die Einkommenserhöhung aber nur den Kaufkraftverlust durch die Inflation ausgleicht, dann nimmt die Steuerbelastung zu, obwohl sich an der wirtschaftlichen Leistungsfähigkeit der Betroffenen überhaupt nichts geändert hat. Steigen die Löhne eines Arbeitnehmers um zwei Prozent, die Verbraucherpreise aber auch, dann kann sich dieser Arbeitnehmer nach der Lohnerhöhung genau so viel für sein Geld kaufen wie vorher. Trotzdem ist seine durchschnittliche Steuerbelastung gestiegen. Welche Folgen das haben kann, zeigt das Beispiel Argentinien. Dort kam es im Frühjahr 2015 zu einem Generalstreik, weil die Gewerkschaften gegen die schleichende Steuererhöhung durch die kalte Progression protestieren wollten. In dem südamerikanischen Land werden auf Gehälter ab umgerechnet rund 1600 Euro Lohnsteuern fällig. Diese Grenze ist seit Jahren nicht verändert worden, obwohl die Inflationsraten bei 20 bis 30 Prozent lagen und die Löhne angepasst werden mussten. So mussten immer mehr Menschen mehr Steuern bezahlen, obwohl sie überhaupt nicht reicher wurden.

Davon ist Deutschland derzeit noch weit entfernt. Weil die Inflationsraten extrem niedrig sind, wird die kalte Progression weitgehend ausgehebelt. Denn wenn die Preise kaum noch steigen, steigen auch die auf den Kaufkraftausgleich entfallenden Steuern kaum noch. Nach Berechnungen des Bundesfinanzministeriums hat sie einen durchschnittlichen Steuerzahler in Deutschland im Jahr 2013 gerade einmal 16 Euro gekostet. Darüber hinaus hat die Politik in der Vergangenheit immer wieder die Steuern gesenkt. Die letzte große Steuerentlastung stammt aus dem Jahr 2000. Der Spitzensteuersatz liegt deshalb heute inklusive Reichensteuer bei 45 Prozent und nicht mehr bei 53 Prozent wie noch zu Zeiten Helmut Kohls, der Eingangssteuersatz ist von 25,9 auf 14 Prozent gesenkt worden. Somit zahlen Arbeitnehmer mit niedrigem oder mittlerem Einkommen heute in der Regel weniger Steuern als

früher. Nach einer Studie des Instituts für Weltwirtschaft
in Kiel lag die durchschnittliche Einkommensteuerbelas-
tung eines ledigen Steuerpflichtigen mit einem zu versteu-
ernden Einkommen von 15 000 D-Mark im Jahr 1958 bei
21,8 Prozent. Heute müssen von einem Verdienst mit
identischer Kaufkraft – 15 000 D-Mark damals entsprechen etwa 30 000 Euro heute – 19,78 Prozent an den Fiskus
abgeführt werden. Bei höheren Einkommen nimmt sich
der Staat heute mehr als damals, aber auch dann hält sich
die Zusatzbelastung in Grenzen.

Doch früher oder später wird sich die Inflation norma-
lisieren, und dann dürfte für viele Arbeitnehmer die Belas-
tungsgrenze irgendwann erreicht sein. Bereits heute steigt
die Steuerbelastung gerade im mittleren Einkommensbe-
reich besonders stark an. Ein verheirateter Durchschnitts-
verdiener mit zwei Kindern muss knapp 34 Prozent seines
Einkommens an Steuern und Abgaben entrichten. Ab
einem Jahreseinkommen von rund 70 000 Euro dagegen
nimmt die prozentuale Steuerlast dann kaum noch zu.
Eine Entlastung für Normalverdiener ließe sich mit
wenigen Handgriffen durch höhere Steuern an der Spitze
finanzieren. Es ist ein Skandal, dass in Deutschland Kapi-
talerträge pauschal mit 25 Prozent versteuert werden,
während viele Arbeitnehmer deutlich mehr an den Fiskus
abgeben müssen. Und es ist ein Skandal, dass der Staat
nicht mehr Geld über die Erbschaftssteuer einnimmt. In
den vergangenen Jahren konnten sich große Vermögen relativ ungestört vermehren, weil das Land mehr als ein halbes Jahrhundert von großen Kriegen, Katastrophen und
Wirtschaftskrisen verschont geblieben ist. Jahr für Jahr
werden in Deutschland schätzungsweise 60 bis 200 Milli-

arden Euro vererbt. In der Regel profitieren davon diejenigen, denen es schon vergleichsweise gutgeht. Denn rund ein Fünftel der Bevölkerung verfügt überhaupt nicht über Vermögen. Während ein Teil der Gesellschaft also zunehmend einen anstrengungslosen Wohlstand genießt, geht der andere Teil leer aus.

Ein weiterer Ansatzpunkt sind die Sozialabgaben. In Deutschland muss ein fester Prozentsatz des Bruttoverdienstes für Rente, Arbeitslosenversicherung und Krankenkasse abgeführt werden – und zwar vom ersten Euro an. Das gilt für die Verkäuferin wie für den Ingenieur. Die Spitzenverdiener profitieren zusätzlich davon, dass die Beiträge ab einem bestimmten Einkommensniveau gedeckelt sind. Das liegt daran, dass die Sozialversicherungen ursprünglich nicht der Umverteilung zwischen Arm und Reich dienen sollten, sondern als Absicherung für individuelle Risiken konzipiert waren. Es wäre deshalb sinnvoll, wenn öffentliche Leistungen über Steuern finanziert würden, damit die Lasten gerechter verteilt werden. Doch es passiert das Gegenteil: Die Mittel für die von der großen Koalition beschlossene Mütterrente etwa kommen aus der Rentenkasse, und die Kosten tragen alle Beitragszahler.

Staatliche Lohnsubventionen sind allerdings kein Allheilmittel. Der Staat wäre überfordert, wenn ihm Alleinzuständigkeit für eine gerechte und stabilitätsfördernde Verteilung der Einkommen übertragen würde. Das geht nicht ohne die Wirtschaft. Ein Lohnzuschuss ist eine für einen bestimmten Personenkreis gedachte sozialpolitische Maßnahme. Die Einführung einer solchen Maßnahme darf nicht dazu führen, dass die Unternehmen die Löhne drücken, weil der Staat ihnen die Belegschaft finanziert – zumal die politisch organisierte Umverteilung in der Praxis demokratischer Regierungssysteme schnell an Akzeptanzgrenzen stößt. Die Erfahrung lehrt, dass die Menschen gegen höhere Löhne wenig einzuwenden haben, weil sie als Entgelt für eine entsprechende Mehrleistung angesehen werden. Der Empfang von Transferzahlungen hingegen gilt schnell als Schmarotzertum. Das belegen inzwischen sogar wissenschaftliche Studien. In einem Arbeitspapier haben Vivekinan Ashok und Ebonya Washington von der Yale University und Ilyana Kuziemko von der Princeton University die Einstellung in der amerikanischen Bevölkerung gegenüber umverteilenden Maßnahmen untersucht. Ergebnis: Obwohl die Ungleichheit in den vergangenen Jahren massiv zugenommen hat, sind die Menschen nicht bereit, ein höheres Maß an Umverteilung zu akzeptieren.

Diese politischen Restriktionen sind ein Grund dafür, dass die staatliche Umverteilung in den meisten Industrienationen den Anstieg der Ungleichheit der am Markt erzielten Einkommen eben nicht wettmachen konnte. Dabei zeigt das Beispiel der Schweiz, dass es auch in einem hochentwickelten Industrieland möglich ist, für einfache Arbeiten ordentliche Löhne zu bezahlen. In der Schweiz verdienen Busfahrer, Handwerker oder Servicekräfte erheblich mehr als in Deutschland. Einen Niedriglohnsektor wie hierzulande gibt es praktisch nicht. Nach Erhebungen der OECD erhalten in Deutschland 17,6 Prozent aller vollzeitbeschäftigten Arbeitnehmer weniger als zwei Drittel des mittleren Lohns. In der Schweiz sind es nur 9,4 Prozent. Das ist ungefähr die Hälfte. Das hat zur

Folge, dass die Inanspruchnahme von Dienstleistungen etwa bei Restaurantbesuchen in der Schweiz sehr teuer ist. Dafür gibt es in der Schweiz noch gutes Geld für gute Arbeit – und das hält das Land zusammen.


## Rolle vorwärts und wieder zurück

A m 19. Februar 2015 verschickt Doug McMillon einen Brief an seine Mitarbeiter. McMillon ist der Chef von Walmart – einem Kaufhauskonzern mit weltweit 2,1 Millionen Mitarbeitern. Nach einer Rangliste der BBC ist Walmart damit nach dem amerikanischen Militär und der chinesischen Armee der drittgrößte Arbeitgeber auf dem Planeten. Die Eigentümerfamilie Walton ist mit einem Vermögen von 152 Milliarden Dollar die mit Abstand wohlhabendste Familie in den USA. Die Beschäftigten des Konzerns dagegen können von solchen Reichtümern nur träumen. Walmart ist in den USA zum Inbegriff für Hungerlöhne und miserable Arbeitsbedingungen geworden. In seinem Brief teilt McMillon nun mit, dass er die Löhne im Walmart-Reich erhöhen werde. Ab Februar 2016 sollen alle Mitarbeiter in den USA mindestens zehn Dollar in der Stunde bekommen – gesetzlich vorgeschrieben sind lediglich 7,25 Dollar.

Die Ankündigung hat ein großes Echo hervorgerufen. Im Mutterland des Kapitalismus entsteht gerade so etwas wie eine breite Bürgerbewegung für höhere Löhne. Bauarbeiter, Erzieher, Kassierer und Krankenpfleger haben sich zusammengetan, um für einen Mindestlohn von 15

Dollar zu kämpfen. Sie organisieren Streiks und Demonstrationen und können in vielen Fällen auf den Rückhalt in der Bevölkerung zählen. Der Aufstand der amerikanischen Arbeiter zeigt, dass der Lohnklau kein Schicksal ist. Denn dass Unternehmen wie Walmart die Löhne erhöhen, liegt nicht nur daran, dass die Arbeitslosigkeit in den USA dank milliardenschwerer staatlicher Konjunkturprogramme sinkt und die Unternehmen deshalb ihren Beschäftigten etwas bieten müssen, wenn sie sie nicht verlieren wollen. Es ist auch darauf zurückzuführen, dass selbst in den USA die gesellschaftliche Akzeptanz eines Geschäftsmodells gesunken ist, welches den Arbeitnehmern einen gerechten Lohn verweigert.

Dass dieses Geschäftsmodell überhaupt salonfähig werden konnte, hat mit den bereits angesprochenen Ölkrisen der siebziger Jahre zu tun. Die damaligen lohnpolitischen Experimente haben zu einem Anstieg der Arbeitslosigkeit geführt, und deshalb hat man beschlossen, von der Sache fortan die Finger zu lassen. Deshalb haben auch die Gewerkschaften an Einfluss verloren. Doch das Pendel ist in die Gegenrichtung ausgeschlagen: Heute sind die größte Gefahr für die wirtschaftliche und soziale Stabilität nicht zu starke, sondern zu schwache Gewerkschaften. Es ist deshalb an der Zeit, die Rolle der Arbeiterbewegung neu zu bewerten. Viel zu häufig wurden die Gewerkschaften – auch in Deutschland – als Störenfriede betrachtet, die die Zukunft des Landes gefährden. Doch handlungsfähige Gewerkschaften sind ein Standortvorteil. Sie lenken den Interessengegensatz zwischen Arbeit und Kapital in feste institutionelle Bahnen und machen ihn damit handhabbar. Sie sind Teil des immerwährenden Selbstgesprächs, das es

modernen Gesellschaften erst ermöglicht, sich an verän-
derte Umstände anzupassen, ohne dabei zu zerbrechen.
Deshalb signalisieren die Streiks bei der Bahn und im öffentlichen Dienst im Frühsommer 2015 – so unangenehm
sie für die Betroffenen auch sein mögen – im Kern eine
längst überfällige Normalisierung im Verhältnis von Ar-
beitgebern und Arbeitnehmern.

Das deutsche Modell der Sozialpartnerschaft hat jedenfalls wesentlich dazu beigetragen, dass das Land vergleichsweise gut durch die ökonomischen Verwerfungen
der Nachkriegszeit gekommen ist. Die Ölkrisen richteten
im Rest Europas erheblich mehr Schaden an als in
Deutschland, wo sich der Anstieg der Inflationsraten in
Grenzen hielt. Von den Folgen der internationalen Finanzkrise hat sich die deutsche Wirtschaft auch deshalb so
schnell erholt, weil es den Gewerkschaften in Zusammenarbeit mit der Bundesregierung gelungen ist, die Mitarbeiter während der Flaute durch Instrumente wie das Kurz-
arbeitergeld in den Betrieben zu halten. Inzwischen wird
das auch in der angelsächsischen Welt anerkannt, wie aus
dem bereits zitierten Arbeitspapier des Internationalen
Währungsfonds hervorgeht. Die Autoren zeigen nicht nur
auf, wie die Schwächung der Gewerkschaften zur Stagnation der Löhne beigetragen hat. Sie sprechen sich auch dafür aus, dass der Staat vermehrt die Voraussetzungen dafür schaffen müsse, dass die Arbeitnehmer ihre Rechte
gemeinsam wahrnehmen können. Es ist ein bemerkens-
werter Sinneswandel: Für den Währungsfonds waren die
Gewerkschaften über Jahrzehnte hinweg so etwas wie
Staatsfeinde. Er hat zahlreichen Ländern rund um den
Erdball harte Reformprogramme aufgezwungen und sich

dabei um die sozialen Folgen seiner Politik wenig gekümmert. 36 Jahre nachdem Ronald Reagan in den USA die streikenden Fluglotsen entließ, will man in der Ideenschmiede des Neoliberalismus die Rechte der Arbeiter stärken.

Ein Instrument dazu ist die Möglichkeit, Tarifverträge für allgemeinverbindlich zu erklären. In der Regel gilt ein solcher Vertrag wie jeder Vertrag nur für diejenigen, die ihn abgeschlossen haben – also für die in einem Arbeitgeberverband zusammengeschlossenen Unternehmen und die gewerkschaftlich organisierten Beschäftigten. Das Arbeitsministerium kann aber einen Tarifkompromiss quasi zum allgemeinen Gesetz erheben, wenn das im öffentlichen Interesse ist und die Tarifparteien einverstanden sind. Dann gilt er auch für nicht tarifgebundene Arbeitgeber und Arbeitnehmer. Bis in die siebziger Jahre hinein ist dieses Instrument vor allem im Mittelstand ausgiebig genutzt worden. Doch danach ist die Zahl der für allgemeinverbindlich erklärten Tarifverträge in den vergangenen Jahren deutlich gesunken – von 612 im Januar 1991 auf nur noch 502 im Januar 2015. Der Anteil der allgemeingültigen Tarifverträge an allen abgeschlossenen Tarifverträgen ist von 5,4 Prozent im Jahr 1998 auf 1,5 Prozent im Jahr 2008 gesunken. Ein solcher Rückgang ist bedauerlich, denn durch die Allgemeinverbindlichkeitserklärung kann auch in Zeiten schwindender gewerkschaftlicher Organisationsmacht Lohndumping verhindert werden.

Auch staatliche Mindestlöhne sind ein Mittel gegen den Lohnklau. Aus Sicht der neoklassischen Theorie kosten sie Arbeitsplätze, weil die Unternehmen daran gehindert werden, die Arbeitnehmer entsprechend ihrer Produktivität zu entlohnen. Doch ist das eine Lehrbuchfiktion. In vielen Fällen können die Unternehmen ihre Übermacht ausnutzen und die Löhne unter das angemessene Niveau drücken, um auf diese Weise ihre Gewinne zu erhöhen. Die Lohnuntergrenze würde in dieser Sichtweise also dazu beitragen, dass überhaupt ein der individuellen Leistungsfähigkeit entsprechender Lohn gezahlt wird. Es gibt zudem eine Reihe von Studien, die belegen, dass eine Anhebung der Bezahlung im unteren Lohnsegment die Produktivität erhöht, weil höhere Löhne ein Ausdruck von Anerkennung und Wertschätzung sind. Dadurch steigt die Motivation der Arbeitnehmer, und die Unternehmen können sich aufwendige Kontrollen und Disziplinarmaßnahmen sparen. Der Wirtschaftswissenschaftler Alexandre Mas von der Universität Princeton hat in einer Untersuchung gezeigt, dass die Zahl der aufgeklärten Verbrechen in New Jersey um zwölf Prozent stieg, als die Löhne der mit den Fällen betrauten Polizisten um 17 Prozent erhöht wurden. In einer Feldstudie haben Anandi Mani von der Universität Warwick in Großbritannien und Sendhil Mullainathan von der Harvard-Universität zufällig ausgewählte Einkäufer in einem Supermarkt eine Reihe von Intelligenztests absolvieren lassen, die ihre kognitiven Fähigkeiten maßen. Vor diesen Tests mussten die Teilnehmer eine praktische Finanzfrage beantworten, um sie dazu zu bringen, sich ihre eigene finanzielle Lage zu vergegenwärtigen. Die Wohlhabenden schnitten dabei durch die Bank besser ab als die weniger Wohlhabenden. Die Vermutung der Forscher: Wer arm ist, ist so sehr damit beschäftigt, finanziell einigermaßen über die Runden zu kommen, dass kaum noch kognitive Kapazitäten für die

Beschäftigung mit anderen Dingen übrig sind – und dadurch sinkt die Leistungsfähigkeit am Arbeitsplatz. Wenn das stimmt, erzeugt der Mindestlohn gleichsam die Produktivität, die ihn dann in einem zweiten Schritt finanziert.

Hinzu kommt, dass sich durch die staatliche Lohnuntergrenze das Einkommen der Arbeitnehmer erhöht. Zwar verringern sich zugleich die Gewinne der Arbeitgeber. Doch weil die Arbeitnehmer in der Regel einen größeren Anteil ihres Gehalts für den privaten Konsum ausgeben als die Arbeitgeber, sollte die Nachfrage in der Summe steigen. Dadurch werden Arbeitsplätze gesichert. Es gibt in der wissenschaftlichen Literatur jedenfalls kaum Belege dafür, dass ein angemessen ausgestalteter Mindestlohn im großen Stil Arbeitsplätze vernichtet. Die meisten nationalen und internationalen Studien konnten keine signifikanten Beschäftigungswirkungen finden. Und auch in Deutschland haben sich Horrorszenarien über einen groß angelegten Stellenabbau bislang nicht bestätigt. In den ersten Monaten nach der Einführung der Maßnahme ist die Beschäftigung weiter gestiegen. Zwar ist die Zahl der in der Regel sehr schlecht entlohnten und für die Arbeitgeber kostensparenden Minijobs gesunken, doch es gibt Grund zur Annahme, dass dies auch darauf zurückzuführen ist, dass Minijobs in Vollzeitstellen umgewandelt wurden. Das wäre eine gute Nachricht.

Mindestens so wichtig wie diese Zahlen aber ist die Signalwirkung des Mindestlohns. Erstmals seit langer Zeit wurde in Deutschland ein Gesetz verabschiedet, von dem Arbeitnehmer mit meist einfachen Tätigkeiten profitieren und für dessen Kosten nicht die Allgemeinheit aufkommt, sondern die Bezieher von Gewinneinkommen. Denn in dem Maße, in dem die Unternehmen höhere Löhne bezahlen müssen, werden die Sozialkassen entlastet. Das zeigt sich vor allem bei den Aufstockern – also Menschen, die zusätzlich zu ihrem Lohn Arbeitslosengeld beziehen. Bei ihnen führt der Mindestlohn unter Umständen nicht einmal zu einer Erhöhung des verfügbaren Einkommens, weil ihnen in dem Umfang, in dem sie mehr Lohn erhalten, die Transferleistungen gekürzt werden. Aber es macht eben sehr wohl einen Unterschied, ob das Geld für den Lebensunterhalt vom Arbeitgeber kommt oder vom Arbeitsamt.

Trotz dieser Erfolge gilt: Der wirtschaftliche und gesellschaftliche Strukturwandel wird sich fortsetzen. Der Großkonzern mit seiner standardisierten Massenproduktion wird durch flexiblere und dezentral organisierte Produktionsformen ergänzt werden. Flache Hierarchien und unternehmensübergreifende Netzwerke gewinnen an Bedeutung. Neben den etablierten Konzernen dürften vor allem im Technologiesektor junge und schnell wachsende Betriebe entstehen. Es wird in einem stark industriell geprägten Land wie Deutschland auch in Zukunft Arbeitnehmer geben, die einen großen Teil ihres Berufslebens als Vollzeitkräfte bei einem Unternehmen verbringen. Doch daneben werden atypische Beschäftigungsformen wie Teilzeitarbeitsverhältnisse, befristete Stellen und Zeitverträge zunehmen. Die Erwerbsbiographien werden brüchiger, weil die Arbeitnehmer Auszeiten nehmen, um sich fortzubilden oder Kinder zu erziehen. Und mit der zunehmenden Vernetzung der Weltwirtschaft werden sich Antworten auf die zentralen wirtschaftspolitischen Her-

ausforderungen der Zukunft nur noch europäisch oder
international formulieren lassen.

Die Gewerkschaften und die Arbeitgeberverbände
werden sich anpassen müssen, wenn sie sich in einem solchen Umfeld behaupten wollen. Sie müssen europäische
und internationale Allianzen bilden und Tarifmodelle für
die Dienstleistungsbranchen mit ihren neuen Arbeitsfor-
men entwickeln. Immerhin hat sich zuletzt der Organisationsgrad stabilisiert. Im Jahr 2014 etwa konnten fünf der
acht im Deutschen Gewerkschaftsbund zusammengeschlossenen Gewerkschaften die Zahl ihrer Mitglieder
erstmals wieder leicht steigern. Das zeigt, dass der ge-
werkschaftliche Mitgliederschwund kein Naturgesetz ist.

## Anleitung für eine hegemoniale Politik

Um Punkt 13:25 Uhr verlässt Otmar Emminger den
holzgetäfelten Sitzungsraum in der Frankfurter Zentrale der Bundesbank und springt in den Wagen, der vor
dem Eingang auf ihn wartet. Emminger ist Vizepräsident
der Notenbank und fährt nach Bonn, wo Bundeskanzler
Willy Brandt kurzfristig eine Krisensitzung anberaumt
hat. Es ist der 1. März 1973 – ein Datum, das als Ende der
Nachkriegsära in die Wirtschaftsgeschichte eingehen
wird. Die Währungen der wichtigsten Handelsnationen
waren damals an den amerikanischen Dollar gekoppelt.
Dieses noch während des Krieges in der Kleinstadt Bretton Woods im US-Bundesstaat New Hampshire verein-
barte Währungssystem hat der Weltwirtschaft eine lange

Phase mit hohen Wachstumsraten und ökonomischer Stabilität beschert. An diesem Tag im März kündigt die Bundesbank die Vereinbarung von Bretton Woods auf.

Sie reagiert damit auf den wachsenden Zustrom speku-
lativen Kapitals nach Deutschland. Die Anleger an den
Devisenmärkten wetten auf eine Abwertung des Dollars,
der durch die hohen Militärausgaben der amerikanischen
Regierung für den Krieg in Vietnam unter Druck geriet.
Die Bundesbank war nach den Regeln von Bretton Woods
verpflichtet, die überschüssigen Dollars aufzunehmen,
um den Wert der amerikanischen Währung dadurch zu
stützen. Als die Zentralbanker tagen, droht die Lage außer
Kontrolle zu geraten. Allein am Vormittag kauft die Han-
delsabteilung der Bundesbank 1,715 Milliarden Dollar
auf, und daraufhin kommt – so steht es in den Sitzungs-
protokollen – die »überwiegende Mehrheit des Zentral-
bankrats« zu dem Schluss, dass es so nicht weitergehen
kann. Die Notenbanker fürchten, dass die Inflation in
Deutschland steigt, wenn die Bundesbank Geld druckt,
um die in das Land strömenden Dollarbestände zu erwer-
ben. Nachdem der damalige Finanzminister Helmut
Schmidt die Dollarbindung zunächst noch verteidigt hatte, entbindet Brandt die Bundesbank nach der Krisensitzung von der Verpflichtung, die amerikanische Währung
zu stützen. Das Ende des Währungssystems von Bretton
Woods ist besiegelt – und die Bundesbank kann sich, von
allen internationalen Verpflichtungen befreit, nun ganz
dem Kampf gegen die Inflation in Deutschland widmen.

Diese Episode ist charakteristisch für die deutsche
Wirtschaftspolitik nach dem Zweiten Weltkrieg. Die
Deutschen haben sich im Wesentlichen um ihre inneren

Belange gekümmert und die Folgen der eigenen Politik
für den Rest der Welt weitgehend ignoriert. Immer wieder
ist das Land auf internationalen Wirtschaftsgipfeln dazu
gedrängt worden, etwas gegen den hohen Exportüberschuss zu unternehmen. Geschehen ist zumeist wenig.
Das war letztlich auch nicht so tragisch, weil Deutschland
im globalen Maßstab immer noch eine vergleichsweise
kleine Nummer war. Doch das ist heute anders. Das wie-
dervereinigte Deutschland ist heute das mit Abstand
mächtigste Land in der europäischen Währungsunion, und
es bestimmt über seinen Einfluss in Brüssel maßgeblich die
ökonomische Ausrichtung eines ganzen Kontinents.
Deutschland gehört zusammen mit USA und China zu den
wirtschaftspolitischen Supermächten. Danach kommt erst
einmal lange nichts. Wenn heute in Berlin Entscheidungen
getroffen werden, dann hat das deshalb Folgen für die ganze Welt. Die Bundesregierung scheint sich dieser Verantwortung allerdings nicht bewusst zu sein. Wenn Angela
Merkel über ihre Vision für Europa spricht, dann ist die
Wettbewerbsfähigkeit für sie ein Schlüsselbegriff. So, wie
auch Deutschland den Weg zurück an die Weltspitze geschafft habe, indem alle den Gürtel enger geschnallt hätten,
solle jetzt auch Europa Maß halten, um wieder zu genesen.

So einfach ist es aber nicht. Eine dauerhafte Politik der
Lohnzurückhaltung nach deutschem Vorbild würde in
Europa und auf der ganzen Welt schlimme ökonomische
Verwüstungen anrichten. Das liegt daran, dass in der
Wirtschaftspolitik die Größe einer Volkswirtschaft eine
ganz entscheidende Rolle spielt. Wenn in kleinen Ländern
die Arbeitslosigkeit steigt, dann kann es – trotz der Risi-
ken und Nebenwirkungen – unter Umständen sogar

funktionieren, über niedrige Löhne die Konjunktur zu
stützen. Die Voraussetzung dafür ist, dass die Vorteile im
Exportgeschäft nicht durch Nachteile im Binnenmarkt
geschmälert werden. Denn wenn ein Land seine Arbeitskosten reduziert, dann hat das zwei Folgen: Die Waren
dieses Landes werden auf den Weltmärkten billiger,
während die Güternachfrage in dem betreffenden Land
selbst zurückgeht, weil die Menschen weniger Geld verdienen. Welcher der beiden Effekte eintritt, hängt von der
Produktionsleistung der Volkswirtschaft ab. Wenn beispielsweise die kleine Schweiz mit ihren acht Millionen
Einwohnern und einem Bruttoinlandsprodukt von gut
800 Milliarden Euro die Löhne reduziert, dann werden die
Schweizer Firmen ihren Konkurrenten im Rest der Welt
in erheblichem Umfang Marktanteile abnehmen können.
Und wegen der vergleichsweise geringen Bedeutung des
Schweizer Marktes dürfte es kaum ins Gewicht fallen,
dass im Land selbst nicht mehr so viele Uhren verkauft
werden können. Wenn nun aber die Unternehmen in den
Mitgliedsländern der Währungsunion mit ihren insgesamt
über 300 Millionen Menschen und einer Wirtschaftsleistung von über 10 000 Milliarden Euro die Kosten drücken,
dann sieht die Sache anders aus. Denn erstens dürfte der
Exportanstieg geringer ausfallen. Europa hat selbst einen
Anteil von immerhin rund 20 Prozent an der nominalen
weltweiten Wirtschaftsleistung – es gibt schlicht deutlich
weniger potenzielle Kunden jenseits der eigenen Grenzen.
Zugleich fallen die Nachfrageausfälle innerhalb Europas
viel stärker ins Gewicht als im Fall der kleinen Schweiz.
Unter dem Strich wirkt sich die Lohnsenkung damit weniger positiv auf Wachstum und Beschäftigung aus.

Ein ökonomischer Zwerg agiert innerhalb eines vorgegebenen Marktumfelds, ein ökonomischer Riese dagegen beeinflusst durch sein eigenes Verhalten eben dieses Umfeld – und damit stehen bestimmte wirtschaftspolitische Strategien schlicht nicht mehr zur Verfügung. Und das gilt auch für die Strategie der Lohnzurückhaltung. Dies nicht ausreichend berücksichtigt zu haben ist der zentrale Fehler der deutschen Krisenpolitik. Der Kontinent ist schlicht zu groß, um sich durch Lohndumping auf Kosten seiner Handelspartner zu sanieren – zumal sich die Partner schon gegen den Versuch wehren würden. Die Amerikaner etwa beobachten die wachsenden Außenhandelsüberschüsse der Europäer bereits mit Argwohn, und es ist nur eine Frage der Zeit, bis sie Gegenmaßnahmen ergreifen. Sie könnten etwa den Marktzugang für europäische Produkte erschweren oder den Dollar abwerten. Damit würde der Euro aufwerten, und Produkte aus den Euro-Staaten würden in den USA wieder teurer – der durch die Lohnzurückhaltung errungene Preisvorteil wäre dahin.

Der Philosoph Immanuel Kant hat den Grundsatz aufgestellt, dass sich das Prinzip einer menschlichen Handlung verallgemeinern lassen muss. Kants kategorischer Imperativ lautet: »Handle nur nach derjenigen Maxime, durch die du zugleich wollen kannst, dass sie ein allgemeines Gesetz werde.« Die deutsche Wirtschaftspolitik verstößt gegen dieses Prinzip. Sie lässt sich eben nicht verallgemeinern. Wenn jeder die Löhne senkt, hat am Ende niemand etwas davon. In den USA – einem Land mit jahrzehntelanger Erfahrung als globale Führungsmacht – werden diese Zusammenhänge intuitiv begriffen. Der Begriff der Wettbewerbsfähigkeit spielt dort in der ökonomischen Debatte praktisch keine Rolle. Die Amerikaner haben zwar Marken, die sich auf allen Kontinenten verkaufen, insgesamt erwirtschaften sie aber weniger als zehn Prozent ihrer gesamten jährlichen Wirtschaftsleistung im Exportgeschäft. Sie verdanken ihre Stärke also nicht dem Erfolg amerikanischer Produkte in Asien oder Lateinamerika, sondern einer florierenden Binnenwirtschaft. Die Vorstellung, das ökonomische Schicksal einer Nation entscheide sich an den Weltmärkten, hat ihren Ursprung im merkantilistischen Denken des 17. Jahrhunderts. Jean-Baptiste Colbert (1619–1683), der Finanzminister Ludwigs XIV., ging davon aus, dass Staaten in einen permanenten Kampf um Marktanteile verwickelt seien. Nur der Verkauf von Waren ins Ausland sichere »Macht, Größe und Überfluss«. Wenn es so wäre, dann müsste Nicaragua, ein Staat mit einem Exportanteil von 74 Prozent des Bruttoinlandsprodukts, eines der reichsten Länder der Erde sein. Es ist aber nicht so, weil der Wohlstand am Ende vor allem von der Entwicklung der Produktivität abhängt und nicht vom Exportvolumen.

Das bedeutet nicht, dass Deutschland seine nationalen Interessen ignorieren sollte. Das tun auch die USA nicht. Die amerikanische Notenbank richtet ihre Geldpolitik vor allem am Wohl der amerikanischen Wirtschaft aus. Das ist auch ihr gesetzlicher Auftrag – und Bretton Woods ist auch kollabiert, weil die Amerikaner sich nicht an die Regeln des von ihnen installierten Systems gehalten haben. Dennoch gibt es in den Vereinigten Staaten eine größere Sensibilität für die internationalen Folgewirkungen nationaler wirtschaftspolitischer Entscheidungen. Ein Kontinent kann nun einmal nicht wie ein Betrieb geführt werden – und nicht alles, was im Kleinen funktioniert, funktioniert auch im Großen.

Es geht mit anderen Worten darum, das nationale Interesse richtig zu definieren. Deutschland hat nichts davon, wenn die Welt sich einen Wettlauf um die niedrigsten Löhne liefert. Mit Blick auf Europa folgt daraus, dass sich die deutsche Politik von der Vorstellung verabschieden muss, alle Mitgliedsstaaten der Euro-Zone könnten den deutschen Weg gehen. Vielmehr muss sich die Lohnpolitik an der Stabilität der Währungsunion insgesamt ausrichten. Die Brüsseler Denkfabrik Bruegel hat dazu die Gründung eines Europäischen Rats für Wettbewerbsfähigkeit vorgeschlagen, in dem die Europäische Kommission und nationale Wettbewerbsräte in den Mitgliedsstaaten der Währungsunion vertreten sind. Die Aufgabe dieses Rates wäre es, die Entwicklung der Löhne zu überwachen und bei Abweichungen die Kommission damit zu beauftragen, Gegenmaßnahmen vorzuschlagen. Das könnten in Ländern mit übermäßigen Lohnzuwächsen zum Beispiel Appelle an Gewerkschaften und Arbeitgeberverbände sein oder strengere Kreditrichtlinien für die Banken, die die Konjunktur herunterbremsen und damit den Lohndruck mindern. In Staaten mit stagnierenden Löhnen dagegen müssten die Auflagen gelockert und die Tarifparteien zu höheren Lohnabschlüssen verpflichtet werden.

# Fünf Thesen
# gegen den Lohnklau

*Was nicht ewig weitergehen kann,*
*wird irgendwann aufhören.*
**Herbert Stein**

Verdienen Sie, was Sie verdienen? Wenn Sie diese Frage mit nein beantworten, dann befinden Sie sich in bester Gesellschaft. Ungefähr die Hälfte der Bundesbürger ist Umfragen zufolge mit dem eigenen Einkommen nicht zufrieden. Das ist zunächst einmal keine Überraschung. Das Leben ist kurz, und Geld regiert nun einmal die Welt. Es ist auch nicht überraschend, dass Ihr Arbeitgeber die Sache wahrscheinlich ganz anders sieht. Er muss auf die Kosten achten, und die Konkurrenz schläft schließlich nicht.

Der Streit um den angemessenen Lohn ist deshalb fast so alt wie die Menschheit selbst. Und weil dabei unterschiedliche Interessen aufeinandertreffen, wird er sich nie endgültig beilegen lassen. Wenn aber, wie es in den vergangenen Jahren in praktisch allen westlichen Industriestaaten der Fall war, fast immer die Arbeitgeber am längeren Hebel saßen, dann ist das ein Zeichen dafür, dass etwas schiefläuft. Die Krisen der vergangenen Jahre sind auch eine Folge dieser Fehlentwicklung. Sie verhinderte ein nachhaltiges Wirtschaftswachstum und beförderte die Kreditexzesse, die der Welt noch heute zu schaffen machen. Vor einem Vierteljahrhundert hat der amerikanische

Politikwissenschaftler Francis Fukuyama seine These vom Ende der Geschichte aufgestellt. Demnach etabliert sich der Kapitalismus mit dem Zusammenbruch der Sowjetunion endgültig und überall. Das setzt aber voraus, dass er sein Wohlstandsversprechen auch einhalten kann. Und danach sah es zuletzt nicht aus.

Das muss aber nicht so sein. Politische Entscheidungen haben die Löhne unter Druck gesetzt, und durch politische Entscheidungen kann dieser Prozess wieder umgekehrt werden. Das britische Arbeitspferd ist vom Erdboden verschwunden, weil es durch die Erfindung des Verbrennungsmotors überflüssig wurde. Der Mensch ist kein Pferd. Er ist Subjekt und nicht Objekt der Geschichte. Er muss die Verhältnisse nicht akzeptieren, sondern kann sie verändern. Hier sind fünf Thesen gegen den Lohnklau.

**These 1: Das Problem verstehen** Der Lohn spielt in einer modernen Volkswirtschaft eine zentrale Rolle: Er schafft Kaufkraft, er stabilisiert die Preise, und er bringt den Außenhandel ins Gleichgewicht. In den vergangenen Jahren wurde er fast ausschließlich als Kostenfaktor wahrgenommen. So wurde die Steigerung der Wettbewerbsfähigkeit zur fixen Idee, die einer ganzen Generation von Politikern den Blick auf die Welt verstellt hat.

**These 2: Die Chance ergreifen** Es ist nur eine Frage der Zeit, bis der Mensch überflüssig ist und intelligente Maschinen die Macht in der Arbeitswelt übernehmen. Noch ist es aber nicht so weit. Und die Geschichte lehrt, dass der Tag der Kapitulation durch Bildung und Ausbildung hinausgezögert werden kann. Deshalb braucht das Land eine Bildungsoffensive.

**These 3: Mit Augenmaß fördern** Bildung ist wichtig, wird aber nicht alle Probleme lösen. Niedriglöhne können in Verbindung mit staatlichen Zuschüssen oder anderen Umverteilungsmaßnahmen Menschen die Teilhabe am Arbeitsmarkt ermöglichen, die wegen des rasanten technischen Wandels sonst keinen Job finden. Aber der Staat darf nicht zum Reparaturbetrieb des Marktes werden. Die Regel muss sein, dass Arbeit angemessen entlohnt wird.

**These 4: Ohne Nachfrage kein Angebot** Wer auch immer in Zukunft in den Werkshallen die Arbeit verrichtet: Wenn die Unternehmen keine Güter absetzen können, werden sie nichts herstellen. So, wie Autos keine Autos kaufen, kaufen auch Roboter keine Autos. Deshalb müssen die Löhne im Gleichschritt mit der Entwicklung der Produktivität steigen, damit die Einsparung von Arbeit in der Produktion dadurch wettgemacht werden kann, dass mehr produziert wird. Das geht nicht ohne starke und selbstbewusste Gewerkschaften.

**These 5: Verantwortung übernehmen** Deutschland hat in der Welt mehr Einfluss als jemals zuvor. Das hat Folgen für die Wirtschaftspolitik, weil die internationalen Rückwirkungen nationaler Entscheidungen stärker bedacht werden müssen. Ein kleines Land kann sich durch Kostensenkungen sanieren, ein Kontinent nicht.

Im 19. Jahrhundert war der freie Markt eine Triebfeder des gesellschaftlichen Fortschritts. Er hat der Menschheit schier unermesslichen Wohlstand gebracht und die Durchsetzung individueller Freiheitsrechte ermöglicht. Nur wenn für gute Arbeit auch gutes Geld bezahlt wird, wird er diese Funktion auch im 21. Jahrhundert übernehmen können. Auch in Deutschland ist in dieser Hinsicht noch einiges zu tun. Das Land hat in den vergangenen Jahren eine bemerkenswerte Entwicklung durchgemacht. Die Zahl der Arbeitslosen hat sich fast halbiert, der einstige kranke Mann Europas ist heute ein weltweit bewundertes Vorbild. Den meisten Menschen geht es heute materiell betrachtet besser als vor zehn Jahren – und zwar nicht nur auf dem Papier. Es wäre falsch, diese Erfolge kleinzureden. Aber trotzdem gilt noch immer, dass in diesem Land zu wenige verdienen, was sie verdienen.

# Bildnachweis

Grafiken: Computerkartographie Carrle nach folgenden Quellen:

Abbildung 1: World Economics, Bruttoinlandsprodukt gemessen in internationalen Dollar nach Geary/Khamis

Abbildung 2: Robert Allen

Abbildung 3: Europäische Kommission

Abbildung 4: Sachverständigenrat zur Begutachtung der gesamtwirtschaftlichen Entwicklung (SVR)

Abbildung 5: SVR, Medianlöhne für männliche Arbeitnehmer in Punkten

Abbildung 6: Bundesministerium für Arbeit und Soziales

Abbildung 7: Ministerium für Arbeit des Landes Nordrhein-Westfalen, Destatis. Daten für NRW, deflationiert mit Verbraucherpreisindex

Abbildung 8: Internationaler Währungsfonds

Abbildung 9: Bundesbank, Löhne auf Stundenbasis

Abbildung 10: SVR

Abbildung 11: Carl Benedikt Frey und Michael A. Osborne – ein Wert von eins entspricht einer Wahrscheinlichkeit von 100 Prozent

Abbildung 12: OECD, Daten für Westdeutschland

Abbildung 13: Europäische Kommission